浦島伝説に見る古代日本人の信仰

浦島伝説に見る古代日本人の信仰

増田早苗著

知泉書館

はじめに

「私たち日本人の先祖は、一体、どのような神を信じて生きていたのだろう」という疑問が、ずっと私の心にひっかかっていました。ちょうどそんな時、『丹後国風土記』逸文に記される浦島伝に出合いました。日本における浦島伝説の、最古の形です。その話は、子どもの頃から聞き知っていた昔話「浦島太郎」とは違っていて、次のようです。主人公シマコが海に出て、三日三晩、魚を捕ることができないでいるとき、亀を釣り上げます。亀は美しい女性に変り、「親しくなりたいと思って、天から来ました。私と親しくしてください」とシマコに言います。それから神女はシマコを海の宮殿に連れて行きます。そこでは神女の両親がシマコを迎え、人と神との出会いの幸いを語ります。

この浦島伝は、主人公が助けた亀に連れられて竜宮城に行き、もてなしを受けるという、因果応報の話ではありません。武勇伝でもなければ、金銀や名声を手に入れる成功物語でもありません。(玉手箱を開いてしまうという部分が後世付け加えられたと考えられる点については、本文をごらんください。)シマコは、ただ神に愛された人として描かれています。この伝説を語り伝えた人たちは、そのような人物を先祖として敬ったのでしょう。

また、神が人を愛して、近づいて来る。神も人から愛を求める。そして、神と人との出会いを幸せなこととして、人間に教えるとするこの話は、ただの昔話ではなく、当時の人々が信じた神についての神話です。これまでイザナギやアマテラスの話を読んでも、私の心は動きませんでした。でも、この浦島伝を読みながら、「私たちの先祖は、このような神を信じていたのか」と思い、嬉しくなりました。

風土記の浦島伝が、心に響く神話であったことは、一つの驚きでした。もう一つの驚いたのは、この話が非常に早い時期に成立していることです。『丹後国風土記』は、七一三年に風土記編さんの命が出された後、程なくして成立しています。それは、『古事記』成立の直後、七二〇年の『日本書紀』成立前です。その後、浦島伝は『日本書紀』に記され、さらに『万葉集』長歌に詠われています。この長歌は、前後関係から、七三〇年頃に作られたものと推定できます。わずか二十年ほどの間に、なぜ三様もの伝説が書かれたのか、不審に思われました。

現在、私の研究分野は神話学ですが、聖書学から出発しました。主に新約聖書の編集史的研究に取り組みました。聖書は長い口承時代、および幾度もの編さんを経て現在の形を取りました。一つの説話をとっても、幾層もの伝承から成り立っています。歴史的核になる事実は一つにしても、地域や時代的背景によって、伝えられる話が色付けられます。常用語彙、語句、文体の特徴などから分析して、伝承の位層をより分けた上で、異なる伝承がどのように編さんされているかを調べ、それらをまとめた編集者の意図を解明しようとするのが、編集史的研究です。

具体例をあげますと、新約聖書中の四福音書は、イエスという人物についての話です。一人物について、四様の伝記ということになります。書かれた年代は西暦七〇年頃から遅くとも一〇〇年頃までで、それぞれの福音書は少しずつ違いをみせます。例えば、マタイ・マルコ・ルカ福音書では、イエスは過越の食事を弟子たちとともにし、その翌日、十字架に付けられたことになっています。ところがヨハネ福音書では、イエスの処刑は過越の準備の日とされます。こういった差異は、例えば、使っている暦が違うためと説明されたりしました。しかし、一九五〇年頃から盛んになった編集史的研究によって、このような違いは、福音書の著者たちがイエスの死を、どう解釈し、どのようなシンボルを用いて、誰を対象にして書いたかによって起ることが解明されてきました。

聖書学で培った研究方法が身についていたためか、三様の浦島伝を発見した時、なぜ短い期間に三つもの話が書かれなければならなかったのか、その謎を追いかけずにいられませんでした。

本書は二部からなっています。Ⅰ部では、上記の三様の浦島伝をそれぞれ三つの章において取り上げます。Ⅱ部は、Ⅰ部から導き出される推論の傍証を、三側面から取り上げます。『丹後国風土記』浦島伝に描かれる神女は、海神の娘とされ、金星のイメージをもち、丹波の一族の親神として崇められています。Ⅱ部第一章では、浦島伝が書かれた時代の古代人が、金星をどのように捉えていたかを、浦島伝以外の史料からたどります。第二章では、『壱岐香椎 聖母《しょうも》宮《ぐう》縁起』に跡をとどめる、古代の聖母崇拝を取り上げます。第三章では、東北地方に伝えられる阿古耶姫伝説を考察します。「あこや」は、真珠もしくはその母貝を意味しますが、古代において、真珠は海神の娘とされました。「あこや」の名称にまつわる伝説を通して、海神信仰の命運をたどります。

浦島伝にまつわる謎解きに、筆者とともに推理をめぐらせていただければ、嬉しい限りです。

なお、『古事記』『日本書紀』『風土記』『万葉集』の引用は小学館版『新編日本古典文学全集』、『続日本紀』は岩波書店版『新日本古典文学体系　続日本紀』によりました。

目　次

第II部　明星・聖母・真珠

浦島伝説に見る古代日本人の信仰

第Ⅰ部　三つの浦島伝の謎

第一章　『丹後国風土記』浦島伝の亀の実体

日本の浦島伝説の最も古い形は、『丹後国風土記』に残されている。『丹後国風土記』そのものは現在失われていて、鎌倉時代末期になった『釈日本紀』巻十二に引かれる逸文に跡をとどめるのみである。(1) 原文の読み下し文と現代語訳を巻末に資料としてのせたので、参照されたい。

一　伝説の成立年代

丹波国は律令制下では、桑田、船井、多紀、氷上、天田、何鹿《いかるが》、加佐、与謝、丹波、竹野、熊野の十一郡を統括した。東は若狭国・近江国・山城国、南は摂津国・播磨国、西は但馬国に接した広大な国であった。和銅六年(七一三)四月に、その国は二分され、加佐、与謝、丹波、竹野、熊野の五郡は丹後国、残る六郡は丹波国と定められた。風土記編さんの命令は、同年五月に出された。丹後国は分立後、わずか一ヵ月で風土記編さんの命令を受けている。

『丹後国風土記』の成立は、丹波国が分国された七一三年以降でなくてはならない。逸文中の地名に、「与謝郡日置里《ひおきのさと》」とある。七一五年に出された律令細則によって里は郷にあらためられるから、『丹後国風土記』浦島伝

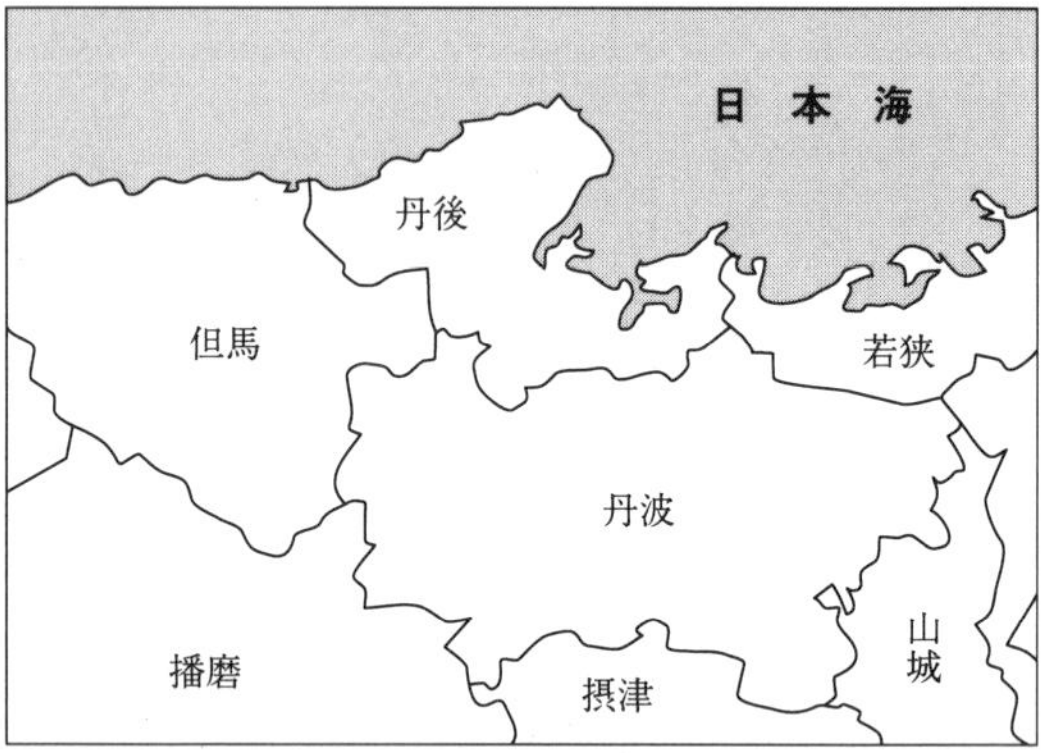

分国後の丹波・丹後領域と隣接諸国

の成立はそれ以前と推定できる。

逸文の冒頭に、ここに記した内容はもと丹波国国守であった伊預《いよ》部馬養《べのうまかい》連《のむらじ》が記している内容と少しも違っていない、とある。『丹後国風土記』成立以前に、馬養という人物が書いた話があったとわかる。連《むらじ》は姓で、姓を名の後に記すのは敬称法であった。馬養は名もない人ではなかった。持統三年（六八九）に撰善言司《よきことえらぶつかさ》に任じられたことが、『日本書紀』に記されている。よい説話などを選び集める役目であったらしい。漢詩集『懐風藻』に収められている彼の詩には「皇太子学士従五位下伊與部馬養。一首。年四十五」とそえられており、[2] 皇太子教育の職にあったこと、享年が四十五歳であったことがわかる。文武四年（七〇〇）に、藤原不比等、伊吉連博徳《いきのむらじはかとこ》らとともに大宝律令の選定に選ばれている。大宝二年（七〇二）頃に死亡したらしい。丹波国の国守であったのは文武元年（六九七）から文武三年頃までで、浦島伝を書き下ろしたのはこの時期であろう。『古事記』（七一二年成立。以下、『記』）『日本書紀』（七二〇年成立。以下、『紀』）以前のことになる。

主人公の名は、風土記逸文本文中では「嶼子《しまこ》」、歌謡部分では仮名で「宇良志麻能古《うらしまのこ》」となっている。また本文中の「玉匣」が、歌謡では「多麻久志義《たまくしげ》」と表記されており、後世、歌謡部分に書き加えがあったと考えられる。延長三年（九二五）にふたたび風土記の撰進が命じられているが、そのときに『丹後国風土記』が書き直されたようすはない。加筆があったとするとそれ以前になるが、一度できあがった風土記に手を加えた、正規でないものが『釈日本紀』にとどめられたとは考えられない。現在逸文として残っている形は、伊預部馬養が書いた本文に歌謡部分を加えて、七一五年頃に提出されたものであろう。

二　主人公シマコの実像

逸文中の主人公は、与謝の郡、日置の里、筒川村の人物で、名を「筒川の嶼子《しまこ》」という。地名を冠した名前は、その地で勢力をもったことを意味するだろう。日置郷は、現在の世屋・養老・朝妻・伊根・筒川・本荘を旧域とし、丹後半島北端の経ヶ岬にまで至ったとされる(3)。半島東側の付け根に位置する名勝天橋立から約三キロ北に、今も日置の地名が残る(4)。

「日置」の名は、太陽から火を採って地上に置くことに由来するかとされる。垂仁紀によれば、日置部は大刀千口を作ったとされる五十《い》瓊敷《にしき》皇子に与えられた十箇の品部の一つである。火の管理とともに、土器製作、鉄工、鍛冶などの技術をもつ氏族であった。

伊根町本庄浜には筒川が流れるが、本庄地区には「赤ハゲ」「湯ノ口」「ノボリ口」「ノボリ立」「金畠《かなはた》」「カナヤ谷」などの地名が集中して残っており、この辺り一帯で鉄の文化が栄えたことを思わせる。筒川のほとりに、浦嶋子を祭神とする式内社宇良《うら》神社が立つ。日本最古とされる十四世紀前半の浦嶋伝説絵巻と、直径五センチ前後の水晶玉を宝物とする。水晶玉は浦島が持ち帰った玉手箱の中に入っていたと伝えられる。一九八八年に京都で開かれた国体の聖火は、この水晶玉を使って作られた。京都府京丹後市弥栄町奈具岡遺跡からは、弥生時代中期の水晶の玉作り工房とみられる三十五基以上の住居跡が見つかっている。多量の水晶原石、および玉製品の生産工程の各段階を示す未製品・完成品が出土した。加工に使われた工具類などもそろって多数出土しており、原石から製品までの一貫した玉作りが行われていたようすがうかがわれる。[5] 弱い太陽光の下でも、収斂現象によってたやすく火を起す水晶玉は、旧丹波国では早くから採火道具として用いられていたのかもしれない。日置の里の筒川のシマコは、火を扱う人々、鉄の文化をもつ人々を司る人物であったと推測される。

「筒川のシマコ」は、「世にいうところの水の江の浦のシマコ」と呼ばれている。「世にいうところ」とあって、「水の江の浦のシマコ」の名が世間一般にも知られていたことを示す。「水の江の浦」でも、勢力をもった人物であったのであろう。

「浦」と「濱」は、使い分けられた語であった。「濱」はやや小さな屈曲をみせ、船の出入りができ、人が集って住む平坦地のある海岸である。それに対して、「浦」は水軍制度が確立する前から一般の海岸とは区別されており、大きな船が自由に出入りできる湾で、人口が密集し、にぎやかに発達したところであった。「浦」が古代の港として地方の中心地帯であったとすると、官制がない時代でも、その浦をとりしまる長《おさ》がいたに違いない。「浦のシマコ」とは、浦人たちが「浦の長」として信頼するシマコに付けた名であろう。

「水の江」は湖の意で、丹後半島の西側の付け根、網野町の海辺にあった浅茂川湖と離湖《はなれこ》をさすといわれる。網野・小浜・浅茂川にまたがるこの地域は、澄江浦《すみえのうら》とも呼ばれる。[6] 浅茂川湖は、現在は干拓によってまったく姿を消しているが、四十町歩におよんだという。離湖の面積は約四町歩で、現在、府下最大の淡水湖である。浅茂川湖がその十倍の広さであったとすると、大きな船がじゅうぶんに出入りできる浦であった。

網野には古墳時代中期の銚子山古墳がある。一九八メートルにおよぶ大首長級の古墳で、開化天皇の皇子・日《ひ》子坐王《こいますのみこ》の陵とか、またはヒコイマスの子で、崇神天皇の代に四道将軍として丹波地方につかわされた丹波美智《たんばのみちの》宇斯王《うしのみこ》の陵とか伝えられる。同古墳の側には、「しわ榎」が立っている。しわだらけになったシマコが自分の頬のしわをちぎって投げつけたため、しわがくっついたと伝えられる。ここから近い宮山には式内社網野神社の元宮があって、ヒコイマスを祭っていた。享徳元年（一四五二）に遷座され、現在、網野町水之江区に位置する。近くには、シマコを祭る嶋児神社が立つ。網野に伝わる浦島伝説によれば、銚子山古墳の地続きに日下部氏の屋敷があった。日下部を名のる夫婦の子が「嶋子」とされる。

「日置の里の筒川のシマコ」および「水の江の浦のシマコ」の名から、シマコは丹後半島全域にわたる一族の統治者であったと推測される。『丹後国風土記』浦島伝が記すのは、一漁夫の話ではない。浦を取り仕切る、身分ある人物についての話である。

逸文は、シマコを日下部首《くさかべのおびと》らの先《さき》つ祖《おや》とする。クサカの原義には諸説あって、定説をみない。「日下」は当て字であろうが、文字としては「日の下《もと》」＝日の照るところ、または「日を下す」＝太陽から火を採る、などの意味をもつ。字義から見て、一族は火を扱う仕事に携わったかと思われる。日置に住んだ火を扱う人々の長であったらしいシマコが、日下部一族らの先祖とされる。

『新撰姓氏録』[7]（以下『姓氏録』）和泉国皇別には、日下部首は「日下部宿禰《くさかべのすくね》同祖。彦坐命《ひこいますのみこと》之後也」とある。日下部宿禰は、天武十三年に日下部連に与えられた姓である。ヒコイマスは開化天皇の皇子で、崇神天皇の異母兄弟に当る。ヒコイマスのひ孫・息長宿禰王は、息長帯比売命《おきながたらしひめのみこと》（のちの神功皇后）の父である。『記』および『姓氏録』河内国皇別は、ヒコイマスの子サホヒコを日下部連《くさかべのむらじ》の祖とする。サホヒコは崇神の子・垂仁と王位を争い、戦いにやぶれている。『姓氏録』や『記』と考え合わせると、シマコはヒコイマスのことになる。

『風土記』　シマコ……………………………日下部首
『姓氏録』　ヒコイマス……………………日下部首・日下部連
『記』　開化天皇 ┬ 崇神天皇 ── 垂仁天皇
　　　　　　　　 └ ヒコイマス ┬ サホヒコ……………日下部連
　　　　　　　　　　　　　　　 └ 丹波のヒコタタス美智宇斯王（『紀』丹波道主命）

ヒコイマスは、籠《この》神社宮司家海部《あまべ》氏に伝わる「海部氏系図」にその名を見せる。[8] 籠神社は丹後国一の宮で、天橋立に位置する。「海部氏系図」本系図（以下「海部氏本系図」）によると、海部氏の始祖は彦火明命である。この神社は元伊勢を主張しており、火明命《ほあかりのみこと》を祭る本宮は下宮とされ、上宮は奥宮の真名井神社で、豊受大神を祭る。「海部氏本系図」によると、海部氏の先祖健振熊宿禰《たけふるくまのすくね》は、若狭木津の高向宮において応神天皇から海部直《あまべのあたい》の姓を受け、国造《くにのみやつこ》として仕えたとある。本系図では、始祖火明命の三世孫倭宿禰命の孫とされる、この人物のみが健振熊宿禰と呼ばれる。しかし、本系図の附《つけたり》とされる勘注系図（以下「海部氏勘注系図」）には、建振熊宿禰《たけふるくまのすくね》の名をもつ人物が二名記載されている。[9] 十五世孫の一人が難波根子《なにわねこ》建振熊宿禰で、十八世孫が丹波国造建振熊宿禰である。十四世孫は成務天皇時代の人で川上真稚命、またの名を大難波宿禰とされる。この人物について、「一云」とあって、ヒコイマスの児丹波道主王の孫とある。

『記』『紀』はともに、タケフルクマ（『記』建振熊、『紀』武振熊）を丸邇《わに》の祖とし、また難波根子《なにわねこ》と呼び、応神天皇の即位に尽力したと記す。丸邇氏は、現奈良県天理市和爾町を中心とする地域を本拠とした。後に春日に移り住んで、春日氏となる。丹波、若狭、河内、大和に勢力範囲がおよぶ巨大な豪族であった。『記』『紀』は、ヒコイマスの母（『記』オケツヒメ、『紀』ハハツヒメ）を、丸邇臣の祖の妹とする。ヒコイマスもタケフルクマも、ともに丸邇一族である。シマコは、そのヒコイマスに擬されている。

丹後国風土記逸文浦島伝の作者伊預部連馬養の祖神は、『姓氏録』右京神別下によると火明命とも、また高媚《たかみ》牟《む》須《す》比《ひ》命ともされる。馬養は丹波の海部一族と同族で、彼が記すのは祖先譚ということになる。

三　シマコが釣った亀の実体

逸文の話によると、シマコは海に出て釣りをするが、三日三晩たっても、一匹の魚さえ取れない。そんなときに、五色の亀を釣り上げる。亀を船の中において、そのまま寝てしまうと、亀は美しい女になる。その女性は神女とされる。亀は神のとる姿とされている。この話は単なる伝説ではない。丹波国の一族が信じた神についての神話である。

馬養の時代、亀卜が知られていた。亀卜は、中国から朝鮮半島経由で五世紀頃に伝わったとされる。亀の甲を焼き、そこにできるひび割れの形から神の心を読み取ろうとする。亀を、神の現れとする信仰である。

古代中国の天文学は、黄道にそって天を東西南北の四宮に分けた。四宮のそれぞれに神獣が配され、東を青龍、北を玄武（亀と蛇）、西を白虎、南を朱雀が守る。この天文学は陰陽五行説と結びついていた。宇宙の五元素とされる木・火・土・金・水の五行は、五色、五方位、および五惑星に対応した。

宇宙の五元素とされる木・火・土・金・水のうち、水は宇宙の最初に生れたとされた。万物の初めである水を守るのが、亀とされる。亀としてイメージされる水の神は、宇宙の初めから存在したものという

五行	色	方位	惑星	神獣
木	青	東	木星	青龍
金	白	西	金星	白虎
火	赤	南	火星	朱雀
水	黒	北	水星	玄武（亀と蛇）
土	黄	中央	土星	

含みをもつ。

五色の亀から美しい女性に姿を変えた神女は、「あなたに魅せられて、天から下ってきました」と言う。神女はシマコを「みやびやかなお方」と呼ぶが、釣りのため三日三晩船に乗っていた男は、みやびやかさとはほど遠かったのではないか。漁もなく、惨めな思いをしていたであろう人間に、神が近づく。

小学唱歌「浦島太郎」によれば、浦島は亀を助けたから報いをうけたことになっている。しかし風土記逸文は、因果応報の物語ではない。丹波の人たちが知っていた神は、人間が善行をしたから近づいてくるのではない。ただ人と親しくなりたくて、近づく。失意にある男にとって、美しくてやさしい女性のような存在とされる。

四　海の中の星たち

神女はシマコを海中の世界へと導く。原文の「至二海中博大之島一」を、沖の海上にある島と解釈できなくはないが、文字通りにとれば海中にある大きな島を意味する。神女は天から来たとシマコに告げるが、シマコが連れて行かれた神の世界は、海中にある。現代の私たちには、天と海は切り離された二つの世界に思われる。しかし、「天」も「海」もアマと呼んだ古代の人々にとって、両界は連続した世界だったのであろう。とくに海とのつながりが強かった人々は、夜には月や星を眺め、方角、季節、風向きなどを見極めようとしたに違いない。夕暮れに西の海に沈んだ太陽が、朝には東から昇るように、星や月が夜には東から昇り、明け方になると西に沈むのを、くり返しくり返し見た人たちであった。太陽や月や星が、空に見えることもあれば、海の中に入り見えなくなるときもあるのを知っていた。彼らにとって、天空の存在は海中の存在でもあったであろう。海人たちが信じた神は、高い天に存在して遠くから人間を見守るだけではなく、彼らが日々の糧をえる生活の場の底深くに存在する。

海の宮殿につくと、昴星《ぼうせい》である七人の童子と、畢星《ひっせい》である八人の童子が神女を迎えにやって来る。星が海の中にいる。

昴星――スバルのことである。肉眼では六つの小さい星が一つに集っているように見えるが[10]、実際には百二十個の星の群れである。六月中頃、夕暮れの西空に現れ、日没とともに沈み、翌朝、ふたたび東から昇る。月日を経ると次第に南に移り、十一月頃の午後七時半頃には東の空に現れ、夜がふけるにつれて南中し、朝七時半頃、西に沈む。京都府竹野郡浜詰村では、「スンマリ（スバル）は旧暦十月二十日の朝に海に入り、新暦六月二十日の朝、海から出る」と言われる[11]。スバルは一カ所に数多くの星が群れているので目立つこともあって、農耕・漁獲・航海の目安にされた[12]。

『倭名類聚鈔』（下『和名抄』）は、昴星の和名を「須波流《すばる》」とし、宿曜経《すくようきょう》を引用して「六星火神也」としている[13]。スバルは漁獲・航海ばかりでなく、火と関係をもつ星である。

畢星――あめふり星のことで、八童子とされる。スバルとともに牡牛座をなす。百個位の星が集っているが、肉眼で数えられるのは六個ほどである。佐渡島では、「昴の近くにある二列に並んだ七、八個の星」と呼ばれる[14]。あめふり星はスバルの三、四十分後に出るので、スバルと同じような目安になりえた。『詩経』に「月、畢にかかり滂沱《ぼうだ》たらしむ」（月離㆓于畢㆒俾㆓滂沱㆒矣）という言葉が伝えられており、中国では天気占いに使われたらしいが[15]、日本で日和見《ひよりみ》に使われたようすはない。
注意を引くのは、亀姫を迎える童子たちである昴星は火に、畢星は水に関係していることである。

亀姫——昴星である七人の童子と畢星である八人の童子は、神女を「亀姫」と呼ぶ。スバルやあめふり星が童子である国の姫君は、やはり星であろう。神女が風と雲にのって天上の仙家から来たと言いながら、海の中の仙界へシマコを導くのも、星と解釈すれば、なっとくがいく。童子たちより先に現れた美しく輝く乙女とは、夕方どの星にも先がけて姿を見せる「一番星」の金星であろう。スバルやあめふり星より大きく、五色に輝く亀にたとえるにふさわしい星である。

先に記したように、古代中国の天文学は、黄道にそって天を東西南北の四宮に分けた。各宮は七分され、二十八の星座が定められた。これを二十八宿という。それぞれの宮に定められた星座をみると、次のようになっている（かっこ内は、和名）。

＊東方七宿　角（スボシ）・亢（アミボシ）・氐（トモボシ）・房（ソイボシ）・心（ナカゴボシ）・尾（アシタレボシ）・箕（ミボシ）

＊北方七宿　斗（ヒキツボシ）・牛（イナミボシ）・女（ウルキボシ）・虚（トミテボシ）・危（ウミヤメボシ）・室（ハツイボシ）・壁（ナマメボシ）

＊西方七宿　奎（トカギボシ）・婁（タタラボシ）・胃（エキエボシ）・昴（スバルボシ）・畢（アメフリボシ）・觜（トロキボシ）・参（カラスキボシ）

＊南方七宿　井（チチリボシ）・鬼（タマホメボシ）・柳（ヌリコボシ）・星（ホトホリボシ）・張（チリコボシ）・翼（タ

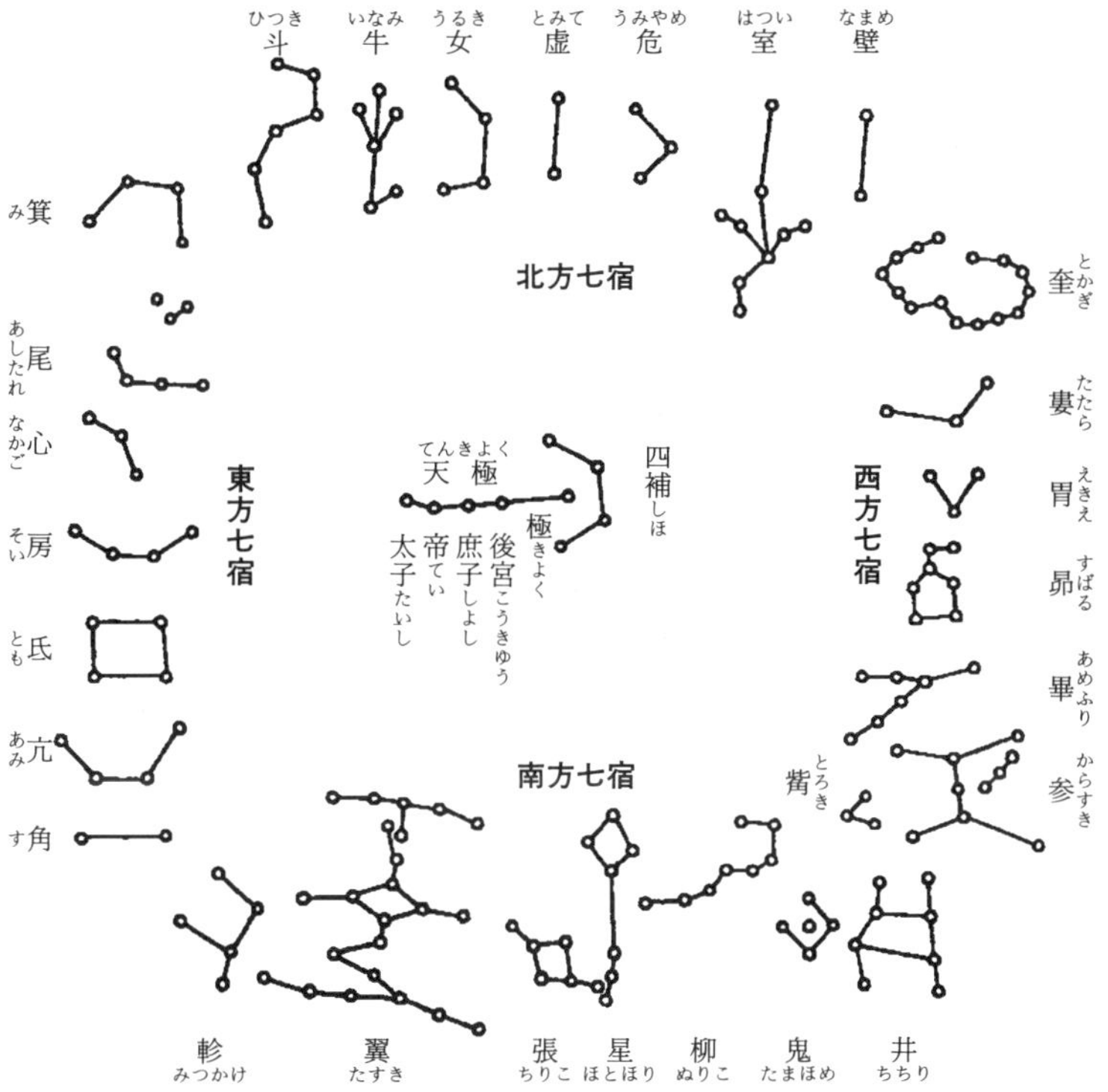

スキボシ）・軫（ミツカケボシ）

昴と畢は西方宮に属しており、西方宮は金星に対応する。上の図は、奈良県明日香村の高松塚古墳天井に描かれた星宿図である。[16] その年代は七世紀末から八世紀初めとする説もあるが、上原和氏は中国の絵画史に照らして、六四〇年代あたりから八〇年代位までの天武朝と推定されている。[17] 馬養の時代に、昴星と畢星が西方宮に属することが知られていたのは確かであろう。

亀姫はスバルの七童子とあめふり星の八童子に姫と呼ばれ、敬われているようすであったが、中国の天文学を背景にすると、金星と結びつく。

古代丹後半島の人々が信じた神は女神で、水神とされる亀と結びついているが、同時に西方宮の金星のイメージをもっている。西方宮は五行説によれば、鉱物と結びついている。スバルの童子とあめふり星の童子とに敬われる神は、水ばかりでなく、鉱物の神でもある。水につながる仕事の人々、および火を扱う人々が信じた神であったのであろう。

日置は明石にならぶ鯛の名産地であるが、経ヶ崎の里歌に「こちの主さん経ヶ崎沖にタイボシながめて釣りをする」とある。天橋立付近では明星を「たい（つり）ぼし」とよんだらしい。[18] 与謝郡と呼ばれたこの地域の人々と明星とのかかわりをとどめる名称と思われるが、現在はこの方言も消えてしまったとのことである。

シマコが奉じたのは、このような神であった。彼の奉じた神は、彼の一族の人々が奉じた神でもある。伊預部連馬養が浦島伝を七〇〇年前後に書いたとすると、ここに描かれる神は、『記』『紀』以前から、この一族が信じた神である。

五　玉手箱の謎

海中の宮殿に入ったシマコは、乙女の父母に出会う。彼らは、神と人とがまれに出会えた喜びを語る。神は人との出会いを喜ぶ存在とされている。海の危険と孤独にさらされていた海人が体験した神は、娘息子たちや隣の里の幼女たちとの宴に人を招き入れる。

シマコは神の乙女と結ばれる。夫婦関係は、他人同士の二人のあいだに生れる、最も親しい結びつきであろう。神はそのような交わりに人を招く。しかし、シマコが神の世界を離れるのを望むときは、彼の自由にまかせる。そして、ふたたび神の宮殿に戻って来る手段を与える。神女は「私を最後まで捨てず、また戻って来たいなら、この匣《くしげ》をけっして開けてはなりません」と言って、玉匣《たまくしげ》をシマコに与える。

郷里にもどると、人も物も移り変っていて、一人の親しい人にも会わない。そこで、シマコは玉匣を開く。乙女をないがしろにしたというより、淋しさにかられて、うっかりと開いたかのように書かれている。

「匣」はハコとも読める。漢字の「箱」は、どちらかというと大きな入れ物について使われたのに対して、「匣」は小さな入れ物を意味した。原文の「玉匣」を「たまくしげ」と読ませるのは、歌謡部分に「多《た》麻《ま》久《く》志《し》義《げ》」と表記されているためである。一般に、「たま」は美称で「玉のように美しい」の意、「くしげ」は櫛などの化粧道具や宝石類を入れておく箱とされる。しかし、「美しい箱」というだけの意味なのであろうか。『万葉集』中の「玉に寄せる」と題する一連の歌（一二九九―一三〇三）では、「玉」は「真珠」を意味する。「玉匣」は、「真珠をおさめた匣」の意味をももつ。

「玉に寄せる」歌の一首に、「海神《わたつみ》の　手に巻き持てる　玉ゆえに　磯の浦廻《うらみ》に　潜《かづ》きするかも」（一三〇一）という歌がある。親が秘蔵する娘を手に入れようとする男性の苦心を歌ったものであるが、ここでは、真珠は海神が愛でる娘とされる。また、「玉」と「魂《たま》」は同根であるから、「玉匣」は海神の乙女の魂をおさめた匣でもありうる。

福井県三方郡《みかたぐん》三方町の海は、その美しさが『万葉集』にも詠まれるほどであるが、約六〇〇〇―五五〇〇年前に最も栄えたといわれる。丹後の日置と同じく、若狭湾に面している。この地の鳥浜貝塚の約五五〇〇年前の地層から、杉材で作られた全長約六メートルの丸木船が発掘され、その舟首部分から大きな真珠が一個発見されている。[19]イレギュラーな半球状の真珠で、長経十六ミリほどである。この巨大な真珠は、海で働く人々が海の神に安全を願い求めて、舟首に収めたのではないか。縄文時代から海の人々がもっていた、海の神への信仰の証しであろう。

「匣」をクシゲとよむとすると、それは「クシ」と「ケ」からなっている。クシは「櫛」でもありうるが、「奇し」（＝不思議な）を意味しうる。「ケ」（笥）は、ものを盛ったり、または入れたりする器の名称であった。クシゲは、「くすしい入れ物」とも理解できる。

匣を開くと、かぐわしい香の匂いが風雲とともにひるがえって、天に昇っていく。神女は風雲に乗って、天からシマコのもとに来た。こんどは逆に、風雲とともによい香りが天に昇る。「玉匣」を「魂の入っていた、くすしい匣」とすると、それを開けたので神女の魂が飛び去った、とも取れる。

尋常小学唱歌には、「心細さにふた取れば／開けてくやしや玉手箱／中からぱっと白煙／たちまち太郎はおじいさん」とあって、浦島は箱を開いて老人になってしまうが、風土記逸文では急に老人になったとはされていない。シマコはただ、神女にふたたび会えなくなったことを悲しんだとある。

伝説は口から口へと時代を経て語り継がれるから、話の中核は同じでも、周辺部分は語られた時代の影響を受ける。祖先譚は始祖をたたえるのが本筋であろう。ところが、浦島伝はシマコの失敗談になっている。それは、海神の娘の魂を収める入れ物が空になったという歴史を背景にするためではなかろうか。

雄略天皇とのつながり

逸文は、雄略天皇のみ世にシマコが釣りに出たとする。浦島伝は『日本書紀』雄略二十二年条にも記されている。逸文が年代を記さないのは、『紀』によって紀年が定められていない段階だったためであろう。雄略は歴史的実在が確実とされる、五世紀末の大王である。『紀』によれば、即位後二十三年に死去とされるから、二十二年はその前年に当る。

『紀』によるシマコ伝以外に、雄略二十二年を与謝郡と結びつける伝承が残っている。旧丹波国の与佐宮で祭られていた豊受大神《とようけのおおみかみ》が、雄略二十二年に伊勢に移されたとする伝承である。

豊受大神は「トヨウケノオオミカミ」、または「トユケノオオミカミ」と呼ばれ、伊勢神宮外宮の主神とされる。伊勢神宮内宮の主神は、天照大神《あまてらすおおみかみ》である。「太神宮諸雑事記[20]」には、雄略天皇即位二十一年に、丹後国与謝郡真井原の神を伊勢国度会《わたらい》郡に移した、豊受太神宮がこれである、とある。伊勢神宮側の史料としては、『神道五部書』（以下『五部書』）がある。[21]『五部書』のいずれもが、雄略二十二年に豊受皇太神が丹波国与佐から度遇《わたらい》の山田原に移されたとする。「丹波国」の表記は、この伝承が分国以前のものであることを示す。

丹波側の史料としては、与謝郡籠神社に伝わる『丹後国一宮深秘[22]』という縁起書がある。この書によれば、与佐宮が移ったのは雄略二十一年、豊受大明神を伊勢国山田原に迎えたのが雄略二十三年である。丹波で祭られていた豊受大神が、雄略朝末に伊勢へ移されたことは、丹波と伊勢の伝承中にしっかりと根付いている。

空になった玉手箱

風土記逸文のシマコ伝の背景には、丹波で祭られていた神が伊勢へ遷座された史実があるとすると、風土記逸文中の神女は、豊受大神ということになる。

『五部書』において豊受は、「止由気」「止由居」「等由気」とも表記される。『記』『紀』には、「豊受大神」の表記はない。『記』が、外宮の度相《わたらい》に鎮座する神を登由宇気神《とゆうけのかみ》とするのみである。「トヨ＋ウケ」が言い習わされて訛り、「トユウケ」「トユケ」に転じたのであろう。「トヨ」は美称で、「富世」の意かともいわれ、豊かですぐれていることをほめる語である。ウケのケは乙類で、[23]実体を手に取れないがその存在が感じられるものを指す。「気高い」「気だるい」「気配」「人気《ひとけ》」「気色《けしき》ばむ」など、今も使われる言葉に跡が残る。音韻変化したものでは、「気持」「気遣い」「生気」「気《き》は心」などがある。「意気地《いくじ》」や「かぶれる」(＝気触れる)「かまく」(＝気負く)などのように、クやカに転じることもある。「ケガレ(穢れ)」は語源的には「ケ＋カレ」で、ケが涸れてしまった状態を意味する。[24]ケガレが「神聖」の反対語であることからみても、ケは聖なる生命力・霊力を意味した語とわかる。

「ケ乙」には、食物・食事の意味もあった。朝食《あさげ》、夕食《ゆうげ》などの複合語に残っている。食物によって人は生きる力を授かる。命そのものである尊い「ケ」を与えるから、食物は同じ「ケ」の名で呼ばれたのであろう。

「ウ」は接頭語で、「大きい」を意味する「おほ(オ)」のつづまった語とされる。[25]「トヨウケ」もしくは「トユケ」の中核にある「ウケ」は、大いなる生命力・霊力を意味する。ウケ、もしくは母音変化したウカは、「神」という概念が生れる以前に、大いなる霊力につけられた名であったのではないか。食物を司る神、食物の与え主でもあった。[26]「トヨウケ」を漢字で表記すると、「豊受」になる。しかし、大いなる「ケ」は命の源であり、命と生命力の与え主を意味し、受けるものという意味はもたない。

豊受大神には、他にも名前があった。『五部書』「豊受皇太神御鎮座本紀」に、

> 天地初めて発《ひらく》るのとき、大海の中に一つのものあり。浮かべる形、葦牙《あしかび》のごとし。その中に神あれます。み名を天御中主神《あまのみなかぬしのかみ》ともうす。ゆえに豊受大神ともうす。

とある。伊勢神宮の伝承によれば、豊受大神は天御中主神の別名である。「天御中主」は、天の中央に座すものであろう。しかし、大海から生れ出たものとされる。万葉仮名「ミ甲」は、「御」「水」「海」などと表記される。

「ミナカヌシ」は「水中主」もしくは「海中主」で、「天のミナカ主」は「天にある海中の主」の意味をもちえた。

遷座の目的

『五部書』によると、雄略二十二年に豊受大神が伊勢に移されたのは、天照大神が御饌都神《みけつかみ》である豊受大神とともに御饌《みけ》を食したいと望み、わがもとに迎えよと告げたためとされる。伊勢国では豊受大神以前からアマテラスを祭っていたのであろうか。

神名「天照大神」は、『記』『紀』においてすら十分に定着していない。『紀』本文においてはオオヒルメムチを正式の名とし、「日神」とのみ記す所伝もある。『記』『紀』成立以前の万葉歌でアマテラスの名を読み込んだものに、柿本人麻呂が草壁皇子に捧げた挽歌（一六七）がある。ここでは「天照日女之命《あまてらすひるめのみこと》」の名が用いられている。ヒルメが単独で日神として最高の地位にのぼっているが、持統朝でもまだ「天照大神」の名は定着していない。しかし、尊称のヒコ・ヒメは、もとは日子・日女で、太陽の息子・娘の意であろうから、尊崇する人物を日神の子孫とする信仰は古くからあった。ヒコイマスも、日神の子と信じられていたであろう。

豊受大神がうつされる前、伊勢ではアマテラス大神ではなく、たとえばヒルメの名で日神が祭られていたのであろうか。伊勢神宮の創祇については謎が残っており、定説を見ていない。現在、伊勢神宮内宮・外宮はともに度会郡に位置する。しかし、『続日本紀』（以下『続紀』）には、文武二年（六九八）「多気大神宮を度合郡《わたらい》に遷す」と記されており、日神アマテラスを祭る内宮が当初から現在の場所に置かれていなかったのは確かである。

度会と多気は本来一つのまとまった地域であった。同じ首長をもち、同じ神を首長の祖神として奉じたであろう。孝徳朝（六四五―六五四）になって度会評と多気評に分けられ、天智朝（六六二―六七一）に多気評から四郷が割かれて飯野評が成立する。多気の大神宮がどこにあったかについて、現在、度会郡大宮町滝原宮(27)、かつては祓川の河畔にあった斎宮(28)、斎宮跡のすぐ西にあったという竹神社(29)などが比定される。

『紀』によれば、伊勢にアマテラスを最初に祭ったのはヤマトヒメである。垂仁紀二十五年条には、アマテラスを託されたヤマトヒメが大神を祭るところを探して、まず宇陀に行き、引き返して近江国に入り、美濃をめぐり伊勢国にいたって、大神の社を建てたとある。『記』は割注で、「伊勢大神の宮を拝み祭った」とのみ記す。

『五部書』「倭姫命世記」には、ヤマトヒメが阿佐加の潟に行ったとき、多気連らの祖、宇賀乃日子《うかのひこ》の子、吉志比女《よしひめ》、次に吉彦《よしひこ》の二人に出会ったとある。多気の地の首長が、ヨシヒメとヨシヒコの姉弟（妹兄か）であったとわかる(30)。古代にあっては、一族の首長は祖神の子孫と信じられた。多気連の祖神はウカノヒコであったことになる。ヤマトヒメ以前から、伊勢にはウカノヒコを奉じる一族がいたことを示す。ウカのカはケ乙が転じたものであるから、ウカはウケと同じ意味をもつ(31)。

多気連は、ウケの神を祭る一族であった。現在、三重県の多気郡はタキグンと呼ばれる。しかし、古くは**タケ**であった(32)。**タケ**は、タ＋ケ乙からなる。ケ乙は神名トヨウケの中核をなすケである。タは上代語で接頭語として、名詞・動詞・形容詞に冠して用いられ、多いこと、まさっていること、重んずること、感謝することなどを意味する。タケ・ウケは同じ意味をもつ。

ウカノヒコは、男神である。トヨウケの神は女神とされる。ウカノヒコとトヨウケは、異なる神なのであろうか。上記の記事は古い史料を含むにしても、文献として成立したのは早くとも平安時代である。『記』『紀』の神学が成立し、さらに女性は成仏できないとする仏教が定着しつつあった時代になって、ウカの神は彦神とされたと思われる。「倭姫命世記」は、多気で日神以前に祭られていた神があったことを示す。それはのちに豊受大神とよばれるようになったウケの神であろう。

風土記逸文は、神女を明星としてイメージしていた。多気には、現在も明星にちなんだ地名や伝承がそこかしこに残っている。一例をあげると、多気郡明和町に明星という大字名があるが、『勢陽五鈴遺響』(33)によると、上野の安養寺(34)境内に明星が降りてくると言い伝えられる井戸があり、その名にちなむ。安養寺の近くには、一四八一年開山の明星山転輪寺がある。近鉄山田線の斎宮駅と伊勢市駅との間に、明野《あけの》という駅がある。現在、度会郡小俣《おばた》町の大字であるが、土地の人によれば、「明野」の由来は「斎宮さんが神宮に参るときに明けの星が見えるところだから」という。日の出の美しさで有名な度会郡二見町には、一五七三年開山の明星寺がある。

豊受大神を祭る外宮正殿のすぐ後ろには、高倉山という百メートルあまりの小山がある。タカ＋クラ＋山であろうが、**タカ**はタケから転じたものであろう。**クラ**は「座す場所」の意で、高御座《たかみくら》、磐座《いわくら》などにみられる。**タカクラ**山は、タケの神のいます山の意味になる。山全体を神のいますところとするのは、社が建てられるようになる以前からの、古い信仰形態である。その信仰のあとをとどめる地名は、この地で早くからタケの神が祭られたことを示唆する。

『勢陽五鈴遺響』は一六五六年にしるされた『勢陽雑記』を引いて、安養寺にまつわる伝説を記している。そのあらましは次のようである。

仏通禅師が伊勢内宮に詣でるとき、女が母の死体を抱いて泣いているのをみつけ、その死者を負い、墓に葬ってのち、内宮に参宮した。その帰途、外宮に詣で高宮坂のあたりにくると、老翁があらわれ「私はこの地の神である。さきほどの女性は私であった。真実を感じるお前に、真心清浄の火徳を与える」と言って、姿が消えた。このあたり一帯が明星茶屋の名でよばれるのは、明星の出るときに神が禅師にあらわれたからである。

この伝説では、神は女性として、また老翁として、明星の出るときに現れている。「外宮に詣で高宮坂のあたりにくると」とあり、豊受大神を祭る外宮の地が**タカ**ミヤと呼ばれている。高宮坂で現れた神は、「この地の神である」と告げる。「この地」とは外宮の位置する度会郡をさすが、**タケ**とのつながりを見せる。

伊勢では多気郡と度会郡との両郡に、明星と結びつく伝説や地名が残っているが、これらがどの時代までさかのぼるのか確かではない。しかし、明星崇拝が江戸時代になって新しく生れたとは考えられない。明星にまつわる伝説や地名が今も残っているのは、この地に古くから明星崇拝があったからであろう。

「倭姫命世記」には、ヤマトヒメはヨシヒメ・ヨシヒコが皇太神に奉るための貝をさがしているのに出会ったとある。皇太神とは、ここではアマテラス（日神）を指すであろう。「倭姫命世記」のヤマトヒメについての記事は必ずしも史実ではないだろうが、雄略をさかのぼる時代のようすをある程度反映していると考えると、大王家の祖神としての日神が祭られる以前から、この地で日神が崇拝されていたと思われる。

多気郡多気町は、四疋田《しひきた》、三疋田《さんひきた》などの地名が残る。疋田は日置田《ひきた》の意味である。「近長谷寺資材帳」（九五四）には、伊勢国多気郡相可《あふか》郷（多気郡多気町相可）の「日置昌布町」の治田一反が近長谷寺《きんちようこくじ》に施入されたことが記されており、このあたりも日置とよばれたらしい。[35] 櫛田川の中流域に属するが、そこからやや下流のところで祓川《はらいがわ》を分流する。祓川の下流に、斎宮跡がある。四疋田地内の茶臼山古墳群からは、弥生式土器が出土している。丹後国日置と同じように、太陽から火を採る技術をもつ一氏族がいたと思われる。彼らは太陽に対して特別な尊敬をはらったに違いない。ヒメ（日女）・ヒコ（日子）とよばれる吉志比女《よしひめ》・吉彦《よしひこ》は、元来、太陽の子孫とみなされていただろう。

伊勢で明星にイメージされるタケ＝ウカ＝ウケの神が祭られていたとすると、その神と日神とはどのような関係にあったのだろうか。金星と太陽を並べると、現代の私たちは当然太陽を上位に置く。それは私たちが、月や惑星が太陽を中心に動いているのを知っているからである。しかし古代においては、太陽より先に空に昇ってくる金星が、太陽をもたらすものとしてイメージされたのではないか。

『記』は、天地の初めにあらわれた三柱の神々の最初に、天之御中主神をあげている。その後になった神々のなかに、イザナキとイザナミがある。イザナミのみそぎから生れた神々の最後になったのが、アマテラス、ツクヨミ、スサノオで、アマテラスの子孫が天皇家とされる。『記』のこのような神統図・皇統図は、日神を至上の神としない、原初の思想のなごりであろう。

タケとよばれた地域に日置の地がふくまれたように、日神の崇拝はタケ神の崇拝にふくまれていたのではなかろうか。豪族の首長や尊敬された人物が金星の子とされなかったのは、太陽自体が金星のもたらすもの（＝子）とされたからではないか。

『記』には、ヒコではなく「日の御子」（比能美古《ひのみこ》）という表現を使う歌謡がある。尾張のミヤズヒメがヤマトタケルに捧げた歌（景行記）、吉野の国主が仁徳に捧げた歌（応神記）、建内宿禰が仁徳に捧げた歌（仁徳記）、伊勢の三重の采女が雄略に捧げた歌、大后が雄略に捧げた歌（雄略記）に見られる。仁徳、雄略になってから、大王をただのヒコではなく、日神の特別の子とするようになったためかと思われる。

古代の宇宙像において、ヒコ・ヒメは金星として思い描かれたウカの神の下位に置かれていたとすると、大王が丹波系豪族であれば、豊受大神が至高神であっても差しさわりはない。しかし、そうでない場合、祭政未分化の時代にあって大王家が最上位に立つには、最高神の神事権をにぎらなくてはならない。伊勢ではすでに豊受大神と日神とが祭られていたとすると、まず日神を大王家の神として祭り、次に豊受大神を日神の下に置く必要があったであろう。

丹波と伊勢の服属

『記』には、シマコ伝は記されていない。しかし、雄略記の終りに記される二つの逸話は、伊勢国と丸邇氏に関係している。一つは、伊勢国の三重の釆女《うねめ》が雄略に御酒《みき》を捧げた話である。釆女が制度化したのは孝徳朝であるが、地方豪族が子女をみつぐのはそれ以前からの慣行であったらしい。また大王に御酒・御饌《みけ》を捧げるのは、大王家に対する服属儀礼であった。伊勢国の釆女の話は、雄略が伊勢国に対して釆女を要求できる力をもった事実を示す。

もう一つの逸話は、伊勢国釆女の話の前後に記される、丸邇之佐都紀臣《わにのさつきのおみ》の娘（別名「春日の」）袁杼比売《おどひめ》についての話である。前部分では、雄略はオドヒメに求婚しようと春日に出かけるが、オドヒメは雄略を見て岡のかたわらに逃げ隠れる。「おとめの　い隠る岡を　金鉏《かなすき》も　五百箇《いほち》もがも　鋤き撥ぬるもの（五百丁の鋤があれば、ヒメの隠れている岡の土をくずしてしまうものを）」という天皇の歌は、「従わないなら、おまえの国を破壊するぞ」という脅迫に聞える。伊勢国釆女の話に続く部分では、オドヒメが雄略に御酒《みき》を捧げている。この逸話も、丸邇氏の服属を語る話であろう。これらの記述からも、雄略在位の終り頃には、伊勢国と丸邇氏は雄略の勢力下に入ったことがうかがわれる。

他方、『紀』の雄略元年条に、皇女栲幡姫《たくはたひめ》が伊勢の祠に侍ったとある。「日の御子」を主張する雄略の娘であるから、皇女自身が御霊代である。大王家の日神を祭る「伊勢大神の祠」があった場所は、以前から日神が祭られた日置、もしくはその近辺ではなかったか。それは斎王宮跡が位置する、現多気郡明和町辺りが可能性として考えられる。

雄略の兄安康天皇は大日下王《おおくさかのみこ》（『紀』大草香皇子）を殺し、雄略は即位前に大日下王の子目弱王《まよわのきみ》を殺している。大日下王は仁徳天皇の皇子で、安康と雄略の父允恭天皇の異母兄弟であった。安康は大日下王の妹若日下部王《わかくさかべのみこ》（『紀』草香幡梭媛皇女《くさかのはたびひめのひめみこ》）を雄略と娶わせている。雄略十四年、大日下王の死の原因は根使主《ねのおみ》の讒言にあったことが判明し、雄略は根使主を殺し、その子孫を二分して、一方を大草香部民《おおくさかべのたみ》として草香幡梭皇后に与えている。草香幡梭皇后に封ぜられて、大草香部というのは不審に思われる。この部は、もともと大日下王のものであったのではないか。大日下王とその子が殺された後、妹に属した土地と戸口は、彼女が雄略に娶わせられると大王家のものとなったのであろう。風土記逸文中、シマコは日下部首らの先祖とされたが、安康・雄略の時代に、日下と呼ばれる一族に対して大王家が優勢になっている。

雄略十七年には、朝夕の食事をもる清浄な器を作るものを進上するように命じられた土師連《はじのむらじ》の祖吾笥《あけ》が、摂津国、山背国、伊勢国、丹波、但馬、因幡などの私有の民部を進上している。土師は土器を作る一族で、火を司る。土師連の祖アケがどのような人物であったのか定かでないが、摂津国、山背国、伊勢国、丹波、但馬、因幡に私有の民部をもっていたとすれば、巨大な豪族でなくてはならない。丹波の名が出ていることからも、丸邇一族ではなかったか。

十八年、雄略は伊勢の朝日郎《あさけおとこ》を討たせている。『五部書』「倭姫命世記」によれば、伊勢国は「朝日来向ふ国」と呼ばれる。「朝日郎」とは、朝日の国の男＝伊勢で勢力をもつ人物、の意であろう。この人物が討たれ、それに続く二十二年条に、シマコの話が記されている。

伊勢と丸邇一族より優勢となった雄略は、先ず伊勢で大王家の日神を祭らせ、次に食物を饗するためとして、豊受大神の祭祀の中心を、大王家の日神のもとに遷させたのであろう。食物を饗することは、服属儀礼であった。『五部書』は、雄略二十二年に大佐々命が御神体を奉じて、丹波国余佐郡から度会の山田原に遷したことを記している。政治と祭祀が未分化の時代にあっては、氏族の神を祭る者は神主であっただけではなく、氏族を統率する首長であった。ご神体は豪族の長が神から授かった主権の表徴である。それが丹波から取り去られたできごとは、海部氏が丹波での主権を失ったばかりではなく、大王家の勢力下に入ったことを意味する。

六　伊預部連馬養の意図

六〇〇年代の終りに、馬養はなぜ彼の時代より二〇〇年をさかのぼる雄略朝のできごとを書いたのだろうか。私たちが過去のあるできごとを思い出すのは、それに似た体験をする時である。馬養の時代に、同類のできごとが起ったのではなかろうか。

この問に関係するかと思われるのが、文武二年（六九八）「多気大神宮を度合郡に遷す」という、『続紀』の記事である。大化元年（六四五）、乙巳の乱で中大兄皇子（のちの天智天皇）と中臣鎌子（鎌足）らが蘇我入鹿と蝦夷を討ち、孝徳が天皇に即位する。中大兄皇子は皇太子に、鎌子は内臣《うちのおみ》に任じられる。孝徳即位前紀には、鎌子が宰臣の勢によって官司の上に立ち、彼が進め退け廃《や》め置くはかりごとは、支持され、事は成ったとある。「倭姫命世記」によると、伊勢国は「百張蘇我《ももはりのそが》の国。五百《いほ》枝《え》刺《さす》竹《たけ》田《た》の国」、また「百船《ももふね》の度会《わたらひ》の国。玉掇《ひろ》ふ伊《い》蘇《その》国《くに》」と呼ばれている。蘇我の国とよばれるからには、蘇我一族の土地であったのであろう。先に述べたように、伊勢国が度会評と多気評に分けられたのは、孝徳朝になってからである。蘇我入鹿と蝦夷が討たれた後、その国の分割が可能になったのではないか。

乙巳の年（六四五）に、中臣香積連須気《なかとみのかつみのむらじすき》が多気郡有爾《うに》郷の鳥墓《とつか》村に置かれていた神庤《かんだち》の長として派遣されている。(36) 神庤は、本来、神宮の役所の役割をするものであった。竹評の日置では、日神が祭られていた。その祭祀権が、大和政権の神祇にかかわる中臣一族に与えられたのであろう。竹評は天皇家の祖神祭祀の神領としての性質をおび、所課は中臣氏の自由になったと思われる。

しかし、その時点では、中臣氏の勢力は度会まで及ばなかったのではないか。須気は在任中に神庤を度会の山田原に移し、御厨《みくりや》と名づけ、やがて大神宮司を名のる。須気の在任期間は十四年であったとも、三十年であったとも伝えられる。(37) 須気が度会に足がかりをつくったのは、中大兄皇子が天智として即位（六六八）した後のことであろう。中臣鎌子が引き続いて内臣として政治にたずさわり、中臣連金《かなとみのむらじかね》が神事にかかわっていた。中臣連金は、壬申の乱で大海人皇子《おおしあまのみこ》（のちの天武天皇）が勝利をおさめると、斬刑になっている。中臣氏の勢力は、天武朝には衰えたようすである。天武元年（六七二）十月には、大杤連馬養《おおくのむらじ》が伊勢神宮宮司についているから、(38) 天武元年前に、須気は解任されたのであろう。

天武朝に鳴りをひそめていた藤原・中臣一族は、持統朝になるとふたたび重用され始める。持統天皇が譲位し、六九七年に文武が十五歳で天皇に即位すると、藤原不比等は娘宮子を夫人として入れる。文武二年（六九八）八月に、「藤原朝臣賜るところの姓、よろしくその子不比等をしてこれを受けしむべし。ただし意美麻呂《おみまろ》らは神事に供するよって、よろしく旧姓に復すべし」という詔が出された。意美麻呂は鎌足の養子で、法律上、不比等の兄に当る。この詔によって、藤原一族が国政に参与し、中臣一族が神事権を握った。

『続紀』によれば、多気の大神宮は同年十二月に度会に遷されている。役所の役目をする大神宮司は、須気によってすでに度会に移されていた。もともと多気にあった斎宮付きの神庤が大神宮司となったのだから、大神宮とは、本来は斎宮であろう。[39] しかし斎宮を多気に残したまま、天皇家の太陽神祭祀を度会に遷している。それが現在の内宮であろう。

馬養がシマコ伝説を書いたのは、大神宮が度会に遷された頃である。天皇家の祖神とされる太陽神祭祀の度会への遷宮は、雄略二十二年における豊受大神の丹波から伊勢への遷宮と同じ意味合いをもつ。それは豊受大神の祭祀を、太陽神祭祀の下に置くことであった。

七　歌謡部分

逸文本文は漢文調で書かれているが、歌謡部分は万葉仮名で記された五首の歌からなる。風土記がまとめられた七一五年頃に加筆されたらしい。

歌1――常世《とこよ》べに　雲立ちわたる　水の江の　浦島の子が　言《こと》持ちわたる――

嶼子が涙を拭って歌った歌とされる。歌中の「浦島の子」は、万葉仮名で宇良志麻能古《うらしまのこ》と表記されている。逸文本文では、主人公の名は「嶼子」であった。歌謡部分でも、歌2と3のあいだの散文個所では「嶼子」が使われている。「嶼子」と「ウラシマノコ＝浦島の子」は、明らかに書き分けられている。「浦のシマコ」という名が、語り伝えられるあいだに「ウラシマ」となったのではないか。「ウラシマの子」は、シマコの子孫の意味であろう。

「ウラシマの子が」の「が」は連体助詞で、「の」を意味する。「君が姿」「母が手」にみられるように、この語が受ける代名詞・名詞の多くは親愛の対象である。「ウラシマの子が言持ちわたる」は、「ウラシマの子孫のできごとが語られる」の意味であろうが、作者がシマコの子孫に対してもつ親しみをふくんでいる。

「常世辺に雲立ちわたる」は、「常世において、雲がつぎからつぎへとたなびくように」の意で、いつまでもシマコの子孫について語り伝えられるだろう、と歌う。

歌2――大和べに　風吹きあげて　雲離れ　そきおりともよ　我《わ》を忘らすな――

神女が歌った歌になっている。「大和のほうに風が吹きあげて、雲が離れて行くように遠く離れても、私を忘れないで」が大意である。

『古事記』仁徳天皇条に、

大和べに　西吹き上げて　雲離れ　そきおりとも　我忘《われわす》れめや

という歌がある。吉備の黒日売《くろひめ》が天皇に召されるが、皇后のねたみを恐れて、国に逃げ帰る。クロヒメをしたって吉備に来た天皇が大和に戻るときに、クロヒメが天皇に捧げた歌とされる。クロヒメは吉備の海部直《あまべのあたい》の娘で、吉備に来た天皇に食事を差し上げる。天皇に対する吉備の海部の服属儀礼である。

神女の歌とクロヒメの歌は同時期に記されているが、いずれも海部氏の服属とつながりをもつ。もともと海部氏に伝承されていた独立歌謡が、シマコ伝とクロヒメ伝のそれぞれに、少し形を変えて使われたものか。

神女が離れていくのは、「風が大和に向かって吹きあげる」ため、すなわち大和政権の権勢が強くなるからであろう。「遠く離れても、わたしを忘れないで」という神女の言葉は、神も別れを悲しむという意味になる。海部氏と、反海部氏政権とのあつれきを念頭において読み返すと、ただの別れを惜しむ歌ではなくなる。

歌3――子らに恋ひ　朝戸《あさと》を開き　我が居れば　常世の浜の　波の音聞《と》こゆ――

神女の歌にシマコの歌が続く。「子等に恋ひ　朝戸を開き」というのは、子孫に思いが引き寄せられ、戸を開くという意味であるが、丹後半島の風景を重ね合わせると、一つのイメージが浮かぶ。宮津市日置から海沿いにバスで五分ほど北にいくと、伊根町という漁村がある。伊根湾をめぐって、舟屋群が立ち並んでいる。海側には、直接に舟を引き上げる、舟のガレージとでもいったものをもつ家屋で、多くは二階が住居になっている。バス通りに面した側にも戸口がある。「戸を開ける」という場合、海沿い側の戸を開くと、波の音がよく聞える。

「常世の浜の波の音聞こゆ」とあって、常世にあるシマコが子孫たちのことを想っているという意味になる。シマコが神女と交す歌であるから、死んだシマコは神女と同じ常世の世界にいる。死後の世界は、神の世界と考えられている。その世界で「波の音を聞く」とあるのは、常世は海とつながっていると考えられるためであろう。『伊勢国風土記』逸文に「神風の伊勢の国、常世の波寄《なみよ》する国」、垂仁紀二十五年条にも「神風の伊勢国は、すなわち常世の波の重波《しきなみ》の寄する国」とある。海によって「常世」と伊勢はつながっている。常世でシマコが聞く波の音は、伊勢のできごとについて語るという意味になる。

歌4――水の江の　浦島の子が　たまくしげ　開けずありせば　またも会《あ》はましを――

歌4と5の導入に、「後の時代の人がそのあとに付け加えて歌った」とある。「浦島の子」は万葉仮名で宇良志《うらし》麻能古《まのこ》、「たまくしげ」は多麻久志義《たまくしげ》となっている。「水の江の浦島の子がタマクシゲを開けなかったなら、また逢えただろうに」が大意である。すでに述べたように、タマクシゲは「玉（魂）を収めたくすしい箱」、「すぐれて霊妙なケの神を収めるくすしい神殿」などの意をもちうる。「タマクシゲ」が空になって、神女とふたたび会えないとは、神殿が空になったことを指すであろう。ここでは、シマコ自身でなく、「ウラシマノコ」＝シマコの子孫がタマクシゲを開いたとされている。

歌5――常世辺《とこよべ》に　雲立ちわたる　たゆまくも　はつかまどひし　我ぞ悲しき(40)――

「常世辺に雲立ちわたる」は歌1を前提としているから、「浦島の子がコトをもって」をふくんでいる。そのコトとは、歌4とのつながりから、神殿を空にしてしまったできごとを指すであろう。そのできごとが、常世辺で雲がわくように、いついつまでも語り伝えられる、の意になる。注意を引くのは「常世辺に」という表現である。シマコの子孫の話が、常世の海のこちら側の伊勢でも語り伝えられる、ということであろう。

「たゆまくも」は緊張がゆるむ意の「たゆみ」からきて、「緊張がゆるんでいて」「警戒心がゆるんでいて」などを意味する。「はつか」は、「瞬間的に」「ちょっとのあいだ」などの意である。「我ぞ悲しき」の「我」とは後世の人々で、シマコの子孫をさす。「警戒心がゆるみ、わずかに迷って神殿を明け渡した自分が悲しい」が歌の大意になる。

八　歌謡部分加筆者の意図

『丹後国風土記』の著者は、伊預部連馬養の話を書きとめるだけではなく、なぜ歌謡を付け加えたのだろうか。七一三年頃に、豊受大神祭祀に何か変化があったのだろうか。

「海部氏勘注系図」には、丹波国造海部直伍佰道《いほぢ》が祝《はふり》であった戊申年春正月七日に、豊受大神が真名井原の籠《この》川《かわ》に下ったので、神籬《ひもろぎ》を立てて斎奉り、籠宮《このみや》と名づけた、と記されている。ヒモロギとは、神霊がやどると考えた山・森・老木などのまわりにときわ木を植えめぐらし、玉垣でかこんだところを意味する。もと与佐宮の地・

真奈井原に豊受大神を新たに祭り、名を籠宮と改めている。

「海部氏本系図」によると、伍佰道が祝であったのは乙巳から養老元年（七一七）までの三十五年間とされる。七一七年以前の乙巳は、六四五年、もしくは七〇五年である。奉仕年間が三十五年とあるので、伍佰道が祝に任じられた乙巳は六四五年が該当する。六四五年から七一七年の間に、欠座の期間があったのであろう。豊受大神が下ったとされる戊申年は、和銅元年（七〇八）と考えられる。[41]同系図によれば、籠宮は養老三年（七一九）三月に、彦火明命を主神として新しく発足している。七〇八年から七一九年までの間、豊受大神が与謝郡の籠宮で祭られていたことになる。

『丹後国風土記』が成立した七一五年頃は、豊受大神を祭る宮が丹波国で再建されていた時期に当る。海部氏にとって、豊受大神がもと祭られていた地に戻れるのは、喜ばしいできごとであったに違いない。そうであれば、歌謡作者は、なぜクシゲを空にしてしまったことをなげくのであろうか。海部氏側がうっかりと乗せられたできごとの裏には、不比等のたくらみが隠されていたのではなかったか。

海部直伍佰道が祝《はふり》に着任中、大宝令（七〇二）の施行によって太政官と神祇官がならび、祝は神主・禰宜《ねぎ》につぐ下級神職となった。豊受大神が籠宮に下ったとされる年の三月には、藤原不比等が右大臣、中臣意美麻呂が神祇伯となり、祭政両権を藤原一族が握る。七一二年に成立した『古事記』は、登由宇気神《とゆうけのかみ》は外宮の度相《わたらい》に鎮座するとのみ記す。丹波で祭られる豊受大神については、何の言及もない。

七一三年三月に丹波国は分国になり、同年五月に風土記編撰の命が出される。風土記歌謡は、『古事記』成立によって、丹波で祭られた豊受大神が宙に浮いてしまった時代に書かれている。

『丹後国風土記』逸文のシマコ伝を伝承史的に分析すると、中核になる史実、伊預部連馬養が書き下ろした部分、風土記編さん者が加筆した歌謡部分の三層からなっている。どのような作品でも、意図の有無にかかわらずその歴史的背景を反映するだろう。シマコ伝の場合、直接的表現が許されない内容を、著者・編さん者は空想物語に託して表現していると思われる。その内容とは、ウカの神の信仰とその成り行きである。

馬養の書いたものは失われ、『丹後国風土記』が編まれた。しかし、その『丹後国風土記』も他の文献に引用された形でしか残っていない。偶然なのか、それとも焚書《ふんしょ》の憂き目にあったのであろうか。

第二章　神女を省く『日本書紀』浦島伝

『日本書紀』雄略二十二年条には、次のようにある。

秋七月、丹波国《たにはのくに》餘社郡《よさのこほり》の管川《つつかは》の人、瑞江浦嶋子《みづのえのうらのしまこ》、舟に乗り釣りし、遂に大亀を得たり。すなはち女《をとめ》に化為《な》る。ここに浦嶋子、感《め》でて妻にし、相遂《あひしたが》ひて海に入り、蓬莱山《とこよのくに》に到り、仙衆《ひじりたち》に歴《めぐ》り観《み》る。語《こと》は別巻に在り。

ここでは、主人公の名は瑞江浦嶋子《みづのえのうらのしまこ》である。『丹後国風土記』逸文には、「水江浦嶼子」とあった。「水」が「瑞」、「嶼」が「嶋」となっているが、同一人物と考えてよいであろう。

「語《こと》は別巻に在り（この話は別の巻にある）」とするが、七二〇年成立の『日本書紀』以前の史料として存在が確実なのは、馬養の書いたものと『丹後国風土記』である。シマコは丹波国餘社郡管川の人とされる。与謝郡は和銅六年（七一三）の丹波国分国後、丹後国のうちとなっている。「丹波国」の表記からすると、「別巻」とは馬養の書いたものを指すかと思われる。

『丹後国風土記』浦島伝と『日本書紀』の記事は同じ人物についての伝承とわかるが、両者を比べると、大きく違う点が二つある。一つは、『丹後国風土記』では亀は神女に変身するのに比べ、『紀』では亀は女性に変身するが、神女とされない。もう一つは、風土記ではシマコは海から戻ってくるが、『紀』ではシマコは海に行ってしまい、戻って来ない。

一　神女を省く『記』『紀』

馬養の書いた浦島伝を引用する『丹後国風土記』浦島伝には、神女が登場する。それを知りながら、『紀』浦島伝はあえて神女を省いている。この個所ばかりでなく、女神を省くか、または卑しめる傾向は『記』『紀』に共通する。

例をあげると、アマテラス・ツクヨミ・スサノオの誕生がある。『記』『紀』によれば、イザナキは死んだイザナミを黄泉の国にたずねるが、醜い姿に成り果てているのを見て、驚いて逃げ出す。醜い姿を見られたのを恨んで追いかけてくるイザナミを黄泉に閉じ込めて、イザナキは逃げ帰る。憤ったイザナミは、イザナキの国の人間を一日に千人くびり殺す、という。イザナキは、それなら自分は一日に千五百の産屋を立てようという。イザナキは海辺に来て、黄泉のけがれを落すため、みそぎをする。そのときに、アマテラス・ツクヨミ・スサノオが生れる。アマテラスは天皇家の祖神とされる。女神アマテラスを祖神とするものの、アマテラスの誕生に母神は必要とされていない。

アマテラス・ツクヨミ・スサノオの誕生について、『記』『紀』とは異なる伝承がある。異体仮名五十文字で綴られた『ウエツフミ』という文書で、(1)「はしかき」によれば、源頼朝の庶子で豊後太守大友能直によって一二二三年に編さんされている。内容は、日本列島の創世から、ニニギ王朝、山幸彦王朝、これに続く七十三代にわたるウガヤフキアエズ王朝の歴史を紀伝体で綴ったものである。

『ウエツフミ』に記される伝承では、イザナギ《ママ》は黄泉の国に行き、イザナミに蘇生法（イヨブセ）を施して生き返らせ、女神を背負って戻ってくる。二神は波穂に立ち、イザナミがまず左の手、右の手をもってイザナギの顔を洗うときに現れたのが、アマテラス。次に、イザナギがまず右の手、左の手でイザナミの顔を洗うときに現れたのが、ツクヨミ。次に二神が御胸、御腹を洗ったときに、スサノオが誕生したとする。ここに描かれる男性像・女性像、また互いのかかわりは、『記』『紀』とは異なって美しく、ぬくもりを感じさせる。この伝承が『記』『紀』以前に存在した確証はない。しかし、両性生殖が通常なのだから、伝承としてより古い形と考えられる。アマテラス・ツクヨミ・スサノオの誕生をイザナキの単性生殖によるとする『記』『紀』の記事は、女神抜きの現象と言えよう。

また、『記』『紀』は、スサノオが成人しても、亡き母の国を恋いしたって、泣くことを止めなかったとする。スサノオの誕生がイザナキの単性生殖によるなら、スサノオに母はないはずである。にもかかわらず、亡き母をしたって泣くとされるのは、『記』『紀』以前の伝承では、母が存在したのではないか。

また、『ウエツフミ』はイザナギとイザナミの生んだ神々として男女両神を一対としてあげるが、『記』『紀』は男性神のみを記す傾向が強い。両性を等置する思想は、『ウエツフミ』が編さんされたとされる鎌倉時代のものでもなければ、原本が発見された江戸時代や明治のものでもない。古代において、男尊女卑の思想のあとに両性を等置する思想が生れたということはないだろう。上古には男女両性を等置する思想があったが、のちに仏教や儒教の男尊女卑思想が一般化して、女神が抹殺されたか、欠落したのであろう。創世の女神イザナミを死の国の存在で、醜く、恨み深く、死をもたらすものとするのは、『記』『紀』が創りだした神話ではないか。

女神嫌いの傾向は、以上のように『記』『紀』両書に見られるが、『紀』のほうが強い。『記』は冒頭で、天地が初めて開けたとき、天之御中主神《あめのみなかぬしのかみ》、高御産巣日神《たかみむすひのかみ》、神産巣日神《かむむすひのかみ》の三柱の神が高天原になったとする。前章で述べたように、天之御中主神の別名は豊受大神で、女神とされた。カムムスヒは、『記』では三ヵ所において神産巣日御祖命と呼ばれている。仲哀記と応神記で息長帯日売命《おきながたらしひめのみこと》が御祖《みおや》と呼ばれる例に見られるように、『記』ではミオヤは母を意味するから、カムムスヒは女神である。タカミムスヒ、カムムスヒは、神名の中核にムスヒがある。ムスは「生す」「産す」の意、ヒは神秘的な霊力の意とすると、ムスヒは産む霊力を指す。性別は記されていないが、『記』が原初の神とする三柱の神々は、女神と解される可能性を残す。

しかし『紀』になると、天地が開ける初めのときになった神を国常立尊《くにとこたちのみこと》、国狭槌尊《くにのさつちのみこと》、豊斟渟尊《とよくむぬのみこと》とし、続いて「すべて三神なり。乾道《けんどう》独りなす。このゆえにこの純男《ひたを》をなすといふ」と記す。つまり、陰陽の結合によらず、陽の道のみで純粋な男性が生れたとする。女神は必要とされない。雄略二十二年条の浦島伝は、同じ傾向を見せる。

二　亀と亀卜

『丹後国風土記』逸文では、亀は神女に変身する。亀はただの動物ではなく、神のとる姿とされる。

『古事記』には、神武天皇が明石海峡で亀の背に乗って釣りをしながら袖を振って来る人に出会い、その人が天皇に海の道を教えたとある。『記』においては、「亀」という漢字の用例は、これ一回のみである。

『日本書紀』の並行箇所では、天皇は一人の海人が小船に乗って近づいてくるのに出会い、その海人が水先案内をしたとある。ここでは亀が姿を消している。神代下第十段一書第三には、ウガヤフキアエズをみごもっていた豊玉姫《とよたまひめ》が、子どもを生むために、大亀に乗って、妹の玉依姫《たまよりひめ》を連れて、海を照らしてやってきたとある。トヨタマヒメは海神の娘とされる。ウガヤフキアエズは神武の父である。この記事は、海神の娘トヨタマヒメと亀とのつながりを認めてはいるものの、姫にことよせて、亀は初代天皇の父の乗り物になっている。

亀を神のとる姿と信じた人々は、亀を乗り物とは考えなかったのではないか。亀の背に乗って釣りをしながら来る人に神武天皇が出会ったとする『記』にしろ、トヨタマヒメが大亀に乗ってやってきたとする『紀』にしろ、両書を成立させたのは、亀を神のとる姿と信じる人々ではなかったであろう。

『記』『紀』の編まれた時代、亀卜が知られていた。亀の腹甲を焼いて、そこにできる割れ目の模様から神意を探ろうとするものである。海と陸を行き来できる亀を、人間界と神の世界をつなぐ使者とみなす。『万葉集』の恋歌に「卜部すえ　亀もな焼きそ」（三八一一。作者未詳）とある。恋する人に会う手立てを、亀卜で占わせている。卜部を頼むことのできたのは、地位ある人の息女であったかもしれない。この歌の年代は定かでない。『万葉集』最後の歌が七五九年の大伴家持の歌であるから、それ以前に作られたのは確かである。

万葉歌一〇九には、次のようにある。

大船の　津守が占に　告《の》らむとは　まさしに知りて　我が二人寝し

大津皇子が石川女郎《いらつめ》と関係を結んだときに、津守連通《つもりのむらじとおる》がそのことを占いであらわしたので、皇子が歌った一首である。天武の第四皇子の大津は、天武崩御直後の朱鳥元年（六八六）に謀反の罪によって死を命じられているから、この歌は六八六年以前のものである。津守の占いは、どのような種類の占いであったのだろうか。

大阪市東区森の宮遺跡からは卜骨が出土している。ニホンジカと思われる鹿の肩甲骨に、焼け焦げのあとが点々とついている。骨を焼いて、そこに走る亀裂を見て占ったもので、これに用いた骨が卜骨と呼ばれる。この種の卜骨は、大阪府下では、東大阪市鬼虎川遺跡や八尾市亀井遺跡でも見つかっている。(2) 弥生時代から津の国で鹿占が行われていた痕跡である。

津守氏は『姓氏録』摂津国神別によると、火明命の子孫とされる。「海部氏系図」によれば、海部氏の始祖も火明命である。津守氏と海部氏は同族ということになる。前章で見たように、海部氏が亀を神の現れとして敬ったとすると、津守氏も同様であろう。津守は港の管理者を意味するが、一族は高麗使や遣唐副使などをつとめ、摂津国住吉大社の神主家でもあった。海外と交流のあったこの一族は、早くから亀卜をも取り入れていたことが考えられる。亀卜に用いられた卜甲は大阪府では出土しておらず、確かではないが、「津守が占」とは亀卜であった可能性がある。

歌一〇九と三八一一からは、恋の行方を占うといったような、個人の生活近くに亀卜があったようすがうかがわれる。律令が布かれ、神祇伯のもとに置かれると、卜部の役目は天皇家や国の将来を予知することになり、亀卜は恋占いなどには使われなくなったであろう。

やはり『万葉集』に、天平八年(七三六)の遣新羅使船上で詠まれた歌三六九四に、次のようにある。

……今だにも　喪なく行かむと　壱岐《ゆき》の海人《あま》の　ほつての卜部《うらへ》を　かた焼きて　行かむとするに……

(せめてこれからは無事に行こうと　壱岐の海人の老練な卜部に成否を占わせて行こうと思ったのに)

九二七年撰進、九六七年施行の『延喜式』臨時祭に、「宮主は卜部のことに堪へたる者を取りてこれを任ず。その卜部は三国の卜術優長なるものを取る(伊豆五人、壱岐五人、対馬十人)(3)」とあり、壱岐の卜部が亀卜に長じていたことがわかる。海上の占いであることを考え合わせると、歌中の占いは亀卜であっただろう。

亀の甲を焼くのではなく、甲羅の模様から吉凶を占ったことも知られている。万葉歌五〇には、「わが国は常世にならむ　図負《あやお》へる　奇《くす》しき亀も」とある。甲に模様のある亀を吉兆としている。藤原宮造営のために徴発された役民の歌とされるから、六九四年に持統天皇が藤原宮に遷居する以前の例である。

『紀』は、『万葉集』とはようすを異にする。天智紀九年条には、「背に申の字をしるし、上は黄色で下は黒色で、長さ六寸ばかりの亀をえた」とある。中国の易学に照らして、天地の色が逆であること、「申」は「壬申」の「申」で、字体が「日」を貫く形であることから、壬申の乱の予兆と見なされたらしい。(4) 崇神紀七年条には、災害が多いため「命神亀《うら》へて災をいたすゆえを極《きは》めざらむ」とある。亀の背のもようで占ったものか、甲を焼く亀卜なのか定かでないが、禍の原因究明に用いられている。天武紀下五年条に、新嘗のための国郡を占わせ、丹波郡加佐郡が「卜に食《あ》へり」とある。これが亀卜なのか鹿占なのか、はっきりしない。『記』『紀』には亀卜の確かな例はなく、また、亀が吉兆とされる例は皆無である。

亀に吉兆を見る『万葉集』に比べ、『紀』は、どちらかと言えば、亀を凶兆とする。この違いは、何に由来するのであろうか。

三　フトマニを用いた一族

『記』では、フトマニ（布斗麻迩、布斗摩迩）という占いが知られている。鹿の肩骨を焼く、鹿占を指す。アマテラスが天の石屋にこもったときに、八百万の神が「天児屋命《あめのこやねのみこと》・布刀玉命《ふとたまのみこと》を召して、天の香山の真男鹿《まをしか》の肩を内抜きに抜きて、天の香山《かぐやま》の天のははかをとりて、占合《うらな》ひ」とある。『紀』は、障害児が生れたときに天つ神が用いた占いを「太占」と表記し、「布刀磨爾《ふとまに》」と読ませている。

神代紀上七段正文によれば、中臣連の遠祖《とおつおや》は天児屋命《あめのこやねのみこと》とされる。さらに神代紀下九段一書二には、「天児屋命は神事をつかさどる宗源者《もと》なり。故に、太占の卜事《うらこと》をもちて仕へ奉らしむ」とある。フトマニにたずさわったのは中臣氏一族であった。

蘇我入鹿の暗殺に中大兄皇子とともに活躍した中臣鎌足は、皇子が天智天皇として即位すると、大和政権一の実力者になる。天智八年（六六九）に亡くなるが、そのとき藤原朝臣の姓《かばね》を与えられる。鎌足の子不比等は、持統朝になって朝廷で頭角を現す。不比等が実質的な編さん者であった大宝令（七〇一）では、最高の国政機関である太政官に並んで神祇官が置かれた。和銅元年（七〇八）には、不比等が右大臣に、不比等の義兄・中臣意美《おみ》麻呂《まろ》が神祇伯・中納言になっている。藤原氏が政治に、中臣氏が神事にあたる結果、藤原一族が政治も神事も手中にする。

右大臣となった不比等は、七一〇年の平城遷都の前年かその直後に、鹿島のタケミカヅチを春日の三笠山に移し、春日神と呼んでいる。(5) その目的は、公的には平城京守護のため、私的には藤原氏の氏神を都近くに祭るためであったとされる。

香島神社のまわりは、卜部氏の住むところであった。卜部は香島郡ばかりでなく、久慈郡・那賀郡・茨城郡にもいたことが知られている。『常陸国風土記』では、久慈・太珂・信太の郡について鹿が多くいたことが記されている。とくに信太郡については、「葦原の鹿は湿地帯の鹿で、山の鹿とちがってその味は熟してうまい。常陸と下総の二つの国の大狩りも取りつくすことはできない」としている。香島郡は、『続紀』では「鹿嶋郡」となっていて、鹿と結びつけられている。この地の卜部が用いたのは、鹿であろう。

奈良国立博物館が所蔵する画像に、「鹿島立神影図」がある。室町時代のこの絵には、赤い衣をまとい、白鹿の背に乗った貴人の姿をとった二神が描かれている。鹿島から大和へ向かう、春日大社のタケミカヅチとフツヌシの姿とされる。タケミカヅチが白鹿に乗って乗って三笠山に移ってきたという伝承にもとづいている。占いに鹿を用いる一族の奉じる神は、鹿に乗っている。

標高二八三メートルの三笠山は、すぐ背後の春日山の一峰である。「春日なる　三笠の山に　月も出《い》でぬかも」（万一八八七）に見られるように、春日山の一部と見なされていた。

春日周辺にも野性の鹿が棲息していたことが、佐伯宿禰赤麻呂が乙女と交した万葉歌から知られる（四〇四・四〇五）。

ちはやぶる　神の社《やしろ》し　なかりせば　春日の野辺に　粟蒔かましを

春日野に　粟蒔けりせば　鹿待ちに　継ぎて行かましを　社《やしろ》し恨めし

先が乙女の歌で、あとの歌が佐伯宿禰赤麻呂作である。

歌中の「社《やしろ》」は、人の行き来をはばむ春日山を意味する。山そのものを神のいますところとしており、社殿が作られる以前からの信仰を示している。

丸邇一族は春日に移り、「春日臣」と呼ばれるようになった。春日山の神は、彼らが祭った神であった。その神は、藤原一族が奉じた神ではない。不比等はこの地に春日神を祭らせている。

春日大社にまつわる興味深い伝承が、民間で伝えられている。(6) もともと春日の地に祭られていた地主神は、春日地方の旧勢力であった丸邇氏一族の小野氏が奉祭した。常陸から遷って来た春日明神は、春日山の神に、山を三尺借りたいと申し入れた。耳の不自由な春日山の神は、詳細を聞かずに承知したが、春日明神は、山全体の地下三尺であるとの理由を付け、結局、山全体を領するようになったという。

民間伝承は、藤原一族が何らかの策謀をめぐらして、自分たちの氏神を丸邇一族の地に祭らせた史実を背景にするのであろう。

四　フトマニから亀卜へ

フトマニを用いた中臣氏には、亀を神の使者とする信仰もなければ、亀卜の技術ももたなかったであろう。しかし、時代を下ると、ようすが変る。七一八年に不比等が中心となって養老令の編さんが始まるが、七二〇年に彼の死亡で、一時中断する。その後、不比等の孫仲麻呂の提案で、七五七年に施行される。その「職員令」には「神祇官、伯一人……卜部廿人」とあり、(7) 卜部は神祇伯の下に置かれている。

七九七年成立の『続紀』になると、亀の出現が平城遷都や霊亀・神亀・宝亀などの元号のきっかけとなっている。元正天皇の即位、元正から聖武への譲位、光仁の即位なども、瑞祥である亀を得たためとする。『続紀』の時代になると、亀卜が中臣氏の支配下に入ったからか。

八三三年に「職員令」の注釈書『職員令義解《しきいんりょうのぎげ》』が勅撰される。そこには「卜兆……およそ亀を灼きて吉凶を占ふ者、これ卜部の執業にして」[8]とあって、ここでは神祇伯の下に置かれた卜部は「亀を灼きて占う者」とされる。卜部の職が、鹿の骨を用いるフトマニではなく、亀卜へと移っている。先に述べたように、『延喜式』臨時祭には、「宮主は卜部のことに堪へたる者を取りてこれを任ず。その卜部は三国の卜術優長なるものを取る」とあって、神祇伯の下に置かれた卜部について述べている。もともと亀卜の術をもたなかった中臣氏が、時代を下ると、亀卜を用いる卜部を配下にしている。

政治の中枢におけるフトマニから亀卜への変化は、現在の私たちが考えるような単純なできごとではなかったであろう。祭政未分化の時代、神の意志の兆しをどこに見出すかの違いは、政治的イデオロギーの違いである。フトマニにしろ亀卜にしろ、その技術は一朝一夕で習得できるものではない。フトマニから亀卜に移るなら、フトマニをなりわいとする者は、職ばかりでなく、宗教的・政治的権威を失う。亀卜を司る一族を支配下に治めて、初めて藤原一族は亀卜をも司ることができるようになったに違いない。

五　昔話になった神話

中臣氏にみられるのは、鹿・山・男神の図式である。それに比べると、丹波の海部氏の図式は、亀・海・女神である。藤原・中臣氏からみれば、海部氏は大和政権の誕生期から天皇の外戚であった豪族で、まったく異なるイデオロギーをもつライバルであろう。

「海部氏勘注系図」は、始祖を天御中主尊とし、別名を豊受大神とする。その神が女神としてあがめられていたようすは、前章で述べた。『古事記』は、天之御中主神を天地の初めになった三柱の神の一柱として認めている。「海部氏本系図」によると、養老三年（七一九）、豊受大神を祭っていた籠宮に彦火明命が降っている。女神豊受大神は、彦火明命に主神の座をゆずって（ゆずらされて）いる。その翌年に成った『日本書紀』においては、原初の神は男神とされる。海部氏に対する藤原氏の勝利を示す。山幸彦による、海幸彦の征服である。

神が男性か女性か、現代人にとってどちらでもよいように思える。しかし古代において、神話は政治のイデオロギーであった。また、神をどのようにイメージするかは、現在も人間形成に大きな影響をおよぼす。ひいては同じ神を信じる集団の政治や文化にも影響する。現代でも、例えばキリスト教徒――とくに西欧の――にとって、神を父とするか母とするかは大きな神学的問題である。

『記』には、浦島伝が記されていない。それは、『記』が成立した七一二年には、豊受大神を祭る社が再建されており、シマコ伝を大和政権の勝利として記すことができなかったためであろう。『紀』の浦島伝には、亀は登場するというものの、女神とのつながりは失われている。神話ではなくなり、神不在の、ただの昔話になり果てている。

日本の正史に星神があらわれるのは極めてまれななかで、例外が二つある。フツヌシとタケミカヅチとの二柱の神が葦原中国平定のために遣わされたときのこととして、神代紀下第九段正文には、次のように記されている。一説に、二神はついに邪神と物を言う不気味な草木石を誅伐して、すっかり平定し終えた。唯一従わない神は、星の神の香香背男《かかせお》だけであった。そこで、またシトリガミのタケハツチノミコトを遣わすと、この神も服従した。

神代紀下第九段一書第二には、次のようにある。

一書に伝えていう。天神はフツヌシの神・タケミカヅチの神を遣わして葦原中国を平定させられた。そのとき、二柱の神は、「天に悪神がいます。名を天津甕星《あまつみかほし》と言います（またの名は天香香背男《あまのかかせお》という）。どうかまずこの神を誅して、その後に降って葦原中国を平定いたしたく存じます」と申し上げた。

カカセオがどのような神であったかについて、平田篤胤は『古史傳』に、「香香」は「灼《かが》」、「甕《みか》」は「厳《いか》」の意味とし、「然《さ》ばかり輝く星は、大白星をおきて何かあらむ。然れば甕星《みかほし》と云ふは、大白《あかぼし》、長庚《ゆふづ》にて、香香背男はその星神なること疑ひ有るまじく所思《おぼ》ゆ」と記している。(9) 神代紀下第九段正文では、カカセオと呼ばれる星神は葦原中国に属している邪神、一書第二では、高天原に属する悪神とされる。天においても地においても大いなる勢力をもつ星神が存在した、つまり、その星神を信じる一族は大いなる勢力をもち、大和政権にたやすく服従しなかったのであろう。

『紀』より早くに編まれた『丹後国風土記』浦島伝に登場する亀は神女で、金星のイメージをもっていた。『紀』の記述中の「甕星」は「ミカホシ」と読まれるが、「甕」は水や酒を入れる大きな**かめ**を意味した。大きな甕のような星をさすのであろう。他方、容器の「かめ」と動物の「亀」は、奈良時代でも共通の音をもっていた。また容器の「かめ」は水の器で、「亀」は陰陽五行説によれば水神である。「ミカホシ」は、風土記逸文中の亀の姿をとる星神を指すのではないかと考えられる。

ミカホシは、タケミカヅチとフツヌシとによって悪神とみなされている。タケミカヅチは、藤原一族が氏神として奉祭した神である。『紀』の星神についての説話中、「この神（星の神の香香背男）も服従した」とあるのは、この星神の神事権が藤原一族の支配下に入ったとの意味であろう。

雄略紀二十二年条では、シマコは亀とともに海に入り、蓬莱山（古訓トコヨノクニ）に行ってしまう。『紀』では、シマコも亀も、この世から消えてしまう。女とともに仙境に行って戻って来ないシマコとは、主権をうばわれた海部氏の首長の姿であろう。

『丹後国風土記』逸文では、シマコは玉匣《たまくしげ》を空にしてしまう。「ケ乙」は、大いなる生命力「ウケ」の御霊代《みたましろ》をおさめた櫝でもありえた。その櫝が空になる。『日本書紀』では、神女も玉匣も登場しない。雄略二十二年のこととして記されているが、『紀』が成立した時点において、丹波には神女もその御霊代を収める櫝も存在しないからであろう。

シマコに擬せられているヒコイマスの子孫たちが信じた神についての神話を、単なる昔話に書きかえたのは誰であったのか。

『記』『紀』編さんに大きな影響を与えたのは、藤原不比等であった。和銅元年（七〇八）には、不比等が右大臣になり、中臣氏が神祇伯に任じられていた。和銅四年（七一一）三月、不比等の長子・武智麻呂は図書頭に転補されて侍従を兼ねた。七一二年正月に『古事記』が成ると、武智麻呂は役目が終ったためであろう、同年六月に近江守に転じている。『古事記』に、不比等の意向が反映されていることは確かであろう。

『続紀』によると、和銅七年（七一四）に「紀朝臣清人と三宅臣藤麻呂に詔して、国史を撰せしめたまふ」とある。『古事記』完成後二年目にあたる。できあがってすぐに書き直されねばならなかったのは、その内容が新しい都・平城での新政権のイデオロギーを打ち出す文書として、満足できるものでなかったためか。

養老元年（七一七）三月に、不比等は左大臣なしの右大臣となっている。議政官は不比等と大納言阿倍朝臣宿奈麻呂の二名だけであったため、同年十月に不比等の次男房前が参議に補任された。わずか三名の議政官のうち、二名を不比等と房前親子で占めている。養老四年（七二〇）正月の終りには、阿倍朝臣宿奈麻呂が死去する。同年五月に、舎人親王編集の『日本書紀』が完成をみる。同年八月に不比等はこの世を去っているが、『紀』の内容に不比等が関与したことは間違いないであろう。『紀』は成立の翌年から朝廷で講書が行われた。

第三章　亀不在の万葉歌浦島伝

万葉長歌一七四〇の題詞には、「水江《みずのえ》の浦嶋子《うらのしまこ》を詠む一首　併せて短歌」とある。『丹後国風土記』浦島伝の主人公は「水江の浦の嶼子《しまこ》」であるが、同一人物と見なしてよいであろう。海神から豊かな漁をあたえられ、海神の乙女と結ばれながら、手に入れた幸せを失ってしまうという話の内容は、風土記逸文と共通する（読み下し文、およびその現代語訳は、巻末に資料としてのせた）。

しかし、亀が登場しない、話の結末でシマコが死んでしまう、などの点で違いを見せる。また、シマコが海から戻ってきた地が墨吉《すみのえ》とされることも、『丹後国風土記』と異なる点である。「摂津での作」とされる『万』一一四〇－一一六〇の二十一首では、摂津国の住吉を意味して「住吉」八回、「墨吉」一回、「墨江」一回が用いられている。「墨吉」は、摂津のスミノエと考えてよいであろう。

一　万葉歌浦島伝作者と作歌年代

歌一七六〇の左注には、「右件歌者、高橋《たかはしの》連《むらじ》虫麻呂《むしまろ》歌集中出」とあり、一七三八から一七六〇までの歌は高橋連虫麻呂作と思われる。「浦嶋子を詠む一首」はその中に含まれる。「春三月、諸卿大夫らが難波に下れる時の歌二首ならびに短歌」（一七四七―一七五〇）、「難波に宿り明日還りきたる時の歌一首ならびに短歌」（一七五一―一七五二）などから、虫麻呂がたびたび難波に行ったようすがうかがわれる。「春の日の　霞める時に　墨吉の岸に出で居て　釣り舟の　とをらふ見れば」と始まる万葉長歌浦島伝は、虫麻呂が難波に行ったおりに墨吉の海を見て作ったと考えられる。

虫麻呂は藤原不比等の第三子・宇合に仕えたらしい。[1]宇合は神亀三年（七二六）に知造難波宮事に任じられており、天平四年（七三二）三月には造難波宮について褒賞を受けている。同年八月一七日に宇合は西海道節度使として遣わされている。虫麻呂が難波に行ったのは、宇合に同行してであろう。浦島伝の作歌は七二八年と七三二年の間と思われる。年代的に見て、虫麻呂は『丹後国風土記』『日本書紀』に記される浦島伝を知っていたはずである。

万葉歌浦島伝の主人公が『丹後国風土記』逸文浦島伝の主人公と同一人物とすると、日下部首《くさかべのおびと》らの先祖である。『姓氏録』和泉国皇別によれば、日下部首は日下部と同祖、河内国神別によれば、日下部は饒速日命《にぎはやひのみこと》の子孫である。河内国神別によれば、高橋連は饒速日命の子孫とされるから、高橋連は日下部と同族になる。万葉歌浦島伝は、虫麻呂の先祖にまつわる話とわかる。

『先代旧事本紀』（以下『旧事紀』）は平安初期になった氏文《うじぶみ》文学であるが、[2]この文書は、ニギハヤヒと天火明命を同神とする。[3]火明命は、七一九年以降、丹後の籠神社で祭られるようになった神である。この点からみても、虫麻呂は丹後の海部氏と同族ということになる。

二　主人公シマコ

シマコと墨吉

海神の神の宮に行ったシマコは、家に帰りたくなり、「墨吉に帰り来た」とある。万葉歌浦島伝の主人公「水江浦嶋子」が『丹後国風土記』浦島伝の主人公と同一人物とすると、日下部首の先祖で、旧丹波一帯を支配した人物が、摂津のスミノエにも住んでいたのであろうか。

丹後国一の宮籠《この》神社の宮司家海部氏に伝えられる「海部氏本系図」には、丹波海部氏の先祖であった健振熊《たけふるくまの》宿禰《すくね》が、若狭木津の高向宮において応神天皇から海部直《あまべのあたい》の姓を受け、国造《くにのみやつこ》として仕えたとある。『記』『紀』はともに、タケフルクマを丸邇臣《わにのおみ》（『紀』和珥臣）の祖難波根子《なにわねこ》と呼ぶ。丸邇氏は丹波、若狭、河内、大和に勢力範囲がおよぶ巨大な豪族であった。ナニワネコは、難波に勢力をもつことからつけられた名であろう。

現在、生駒山地西麓には、日下町、および草香山の名が残る。第一章で述べたように、安康・雄略の時代に、日下一族に対して大王家が優勢になったらしい。雄略天皇以前、この辺りは日下一族が住む地であったことが考えられる。

シマコが奉じた神

万葉歌浦島伝によれば、シマコは海の果てをすぎて漕いで行くうちに、海の神の娘「海若神之女《わたつみのかみのをとめ》」に出会う。(4)

ワタツミは、「ワタ＝海」＋「ツ＝の（連体助詞）」＋「ミ＝霊」からなっていて、海の神を意味する。ワタツミには、本来、性別はない。

「海若」は古代中国の海神の呼び名であった。前二世紀頃から使われていた名で、「若士」という呼称もあった。二世紀後半になると、「海若」は「海童」と名を変える。四世紀になると「東海小童」の名が用いられる。(5)

漢字「童」はもともと、目を刃物で突抜いて見えなくした男の奴隷を意味し、のち、雑用をする男性のしもべを意味するようになる。「わらべ」としては、まだ物事の判断のできない幼い子どもを意味する。(6)幼い子どもであるから男女の区別はないものの、元来、男の召使を意味したためか、男性の含みをもつ。いずれにしても、「童」には蔑視のニュアンスが含まれる。それに比べると「海若」の「若」は象形文字で、しなやかな髪の毛をとく、からだの柔らかい女性の姿を描くものである。(7)ワタツミは女神とされた可能性がある。

ヲトメは、「若い女性」もしくは「子女」を意味する。「ワタツミのヲトメ」とは、「海神である若い女性」であろうか、それとも「海神の子女」を意味するのであろうか。

『記』の海幸彦・山幸彦の話では、「海神」「綿津見神《わたつみのかみ》」は豊玉姫の父とされるから、彦神である。豊玉姫は「海神之女」と記される。ここでは、「女」は「子女」の意味になる。

『紀』のイザナキのみそぎの話では、ツツノオとともに現れた海神は「少童」「海童」と表記され、和多津美《わたつみ》と読まれる。神代下第十段正文の海幸彦・山幸彦伝説では、単に「海神」となっている。海神の宮の女性の名は「海神女豊玉姫」である。

＊一書第一には「海神豊玉彦」とあり、海神を彦神とする。
＊一書第三では「(海神の)子豊玉姫」とあるのみで、海神が女性なのか男性なのかはっきりしない。
＊一書第四には「豊玉姫が海の宮殿の王に告げて」とあって、海神を彦神とする。

『紀』においては、海神が女神か男神かはっきりしない個所もあるが、区別されているときは男神である。海神を父とし、豊玉姫をその娘とする『紀』では、「海神之女」は「海神の子女」を意味する。

『万葉集』では、そうではない。次に二例をあげる。

例1　海神《わたつみ》の　持てる白玉　見まく欲《ほ》り　千度《ちたび》そ告《の》りし　潜《かづ》きする海人《あま》は　（一三〇二）

（海神の秘蔵の真珠を一目見ようと思って、水にもぐる海人は幾度も唱え言をした）

親の寵愛する娘を手に入れたい想いを歌う一首である。ここでは、娘がワタツミのもつ玉（＝真珠）にたとえられている。ワタツミにたとえられている親は、妻問い婚の時代においては母親である。

例2　わたつみ（和多都民）の　神の命の　みくしげ（美久之宜）に　貯ひおきて　いつくとふ　玉にまさりて　思へりし　我が子にはあれど　うつせみの　世のことわりと　ますらをの　引きのまにまに……

（四二二〇）

（海の神が、玉櫛笥にしまっておいて大切にするという真珠にもまして大事に思っていた我が子だけれど、世の中の習いとて、ますらおの招きに応じて……）

万葉歌浦島伝から十数年後の天平勝宝二年（七五〇）に、大伴坂上《さかのうえの》朗女《いらつめ》が娘に与えた歌である。娘が夫・家持とともにその任地越中へ行ってしまったのを歎く内容であるが、娘を海神の大切にする真珠にたとえている。そのたとえにおいて、母である自分は海神に対応する。ここでもワタツミは女神として想定されている。

『記』そのものも、ワタツミの神が女神であったことをしのばせる跡をのこしている。イザナキが黄泉の国から戻る途中でみそぎをしたときに、三柱のワタツミの神と、三柱のツツノオがなったとする話がある。この記述中、三柱のワタツミの神は安曇連《あずみのむらじ》が「祖神《おやがみ》」として祭り仕える神であるとされる。「御祖《みおや》」は、『記』ではすべて「母」を指す。「祖神」においてのみ、「祖」が父親を意味すると考えるのは不自然であろう。ワタツミを男神とする『記』『紀』を前提におくと、「海若神之女」は「ワタツミの子女」の意味と思い込む。前提なしに読めば、「ワタツミである若い女性」とも読める。

『丹後国風土記』浦島伝では、シマコが連れられて行った海の宮殿には、神女の父母がいた。『記』が成立すると、神女を海神とすることはできなくなったであろう。『丹後国風土記』浦島伝は、神女の父母を想定することによって、海神が男神とされることを避けたのではないか。

万葉歌浦島伝のシマコと『丹後国風土記』浦島伝のシマコは、同一人物と考えられる。そうであれば、シマコが結ばれた神女も同じ神であろう。しかし、万葉歌浦島伝には、神女の両親は現れない。そのため、「海若神之女」は「海神であるヲトメ」の色合いが強い。母なる海神と、真珠であるその娘は、異体同神のように見なされたと思われる。

万葉歌浦島伝は、『紀』の成立後に書かれている。『紀』では、海神を男神とする傾向が、『記』におけるよりも強くなっている。万葉歌浦島伝は、その傾向を否定するかのようである。

三　女神ワタツミ

シマコはヲトメにもらった篋《くしげ》をもって、墨吉に戻る。クシゲがスミノエにあったとされる。第一章で述べたように、クシゲは「くすしい入れ物」という意味を含む。クシゲは「玉篋《たまくしげ》」とも呼ばれている。「玉篋」のタマは単に美称ではなく、入れ物の中身が玉であったとも考えられる。「玉」は「真珠」を意味するが、霊・魂に通じる。ワタツミのヲトメの霊を入れるくすしい箱が、墨吉でも祭られていたのであろうか。

ヌナクラのスミノエに祭られる姫神

七二〇年成立の『紀』は、スミノエの表記に「住吉」を用いる。『摂津国風土記』逸文には、「住吉」の由来を述べる説話がある。オキナガタラシヒメのみ世に住吉大神がこの世に姿を現し、沼名椋《ぬなくら》の長岡の崎まで来られ、「住むのに一番良い土地」（真《ま》住《す》み吉《え》き住み吉き国）ととなえごとをなさったので、そこに住吉大神を祭る社を定め、それがスミノエの由来であるとする。『摂津国風土記』によれば、「住吉《すみのえ》」は「住み良い国」に由来する。

風土記編さんの官令は、『古事記』がなった翌和銅六年（七一三）五月に出されている。風土記の詔命のなかに、畿内七道の国名・郡名・郷名に好字をつけよという一条があり、「住吉」にまつわる逸話もそれに従って書かれたものであろう。『摂津国風土記』の成立年代は確かでないが、勅令が出て数年内に提出されたと思われる。風土記は史籍に記すだけでなく、朝廷の高官の前で、誰かの口をとおして「朗誦」されて、はじめて真実の伝承と認められたらしい。諸国が提出した報告書であったが、大和政権の介入をへて成立した文書である。

『記』は、一貫して「墨江」と表記する。スミノエの「エ」は、もとは「江」であった可能性がある。「江」は、「入り江」を意味するが、古くは大地をつらぬく大河を意味した。「墨江」の字面から私などは黒い水を連想するが、いにしえにおいて、「墨」は「清む」と無関係ではなかった。よい墨とは、清らかな光を浮かばせ、子どもの瞳のように清んでいるものとされた。「墨江」は「清く澄んだ入り江」の意で、ほめことばであっただろう。また、奈良時代には船形の墨が一般的で、墨は一船、二船と数えられた。正倉院には、古墨十四挺と白墨一挺、破片一個がおさめられている。唐墨と新羅墨で、世界最古の墨の伝世品とされるが、十四挺のうち十二挺は船形をしている。船と墨がむすびついていたのだから、「墨江」は船の集まる「江」の意を含んだであろう。

『記』は、イザナキノミコトがみそぎをしたときに、三柱のワタツミと三柱の箇《つつ》（ママ）之男命《のおのみこと》が生れたとし、この三柱のツツノオを「墨江の三前の大神」と呼ぶ。ワタツミは、先に述べたように、海の神を意味する。ツツノオはワタツミとともに生れたとされることにより、海の神ではなくなる。しかし、「墨江の三前の大神」の表記に、江の神であった名残をとどめている。

『万葉集』の「スミノエ」の用例中、墨江（三回）、墨之江（一回）、清江（二回）、須美乃江（一回）など、「江」を用いる歌のなかに、作歌年代がわかるものがある。歌六九の題詞と歌二九五において「清江」が使われている。歌六九は長皇子に献じられた歌であるが、長皇子は天武天皇の皇子で、七一五年に薨じている。歌二九五は文武天皇を「我が大君」と呼んでいるが、文武は七〇七年に崩じている。これら二首はいずれも七一五年以前の用例で、スミノエが古くは「清んだ江」を意味したことを示す。「住吉大神」は、もとは「清んだ江にいます神」の意味であっただろう。

住吉大神を祭る住吉大社には、『住吉大社神代記』とよばれる文書が所蔵されている（以下『大社記』）[8]。この文書の冒頭に、「合／従三位住吉大明神大社神代記／住吉現神大神顕座神縁記」とあり、二つの文書の合本とされる。「住吉大神」の名称は、『摂津国風土記』の成立後、おおやけに使われねばならなくなったと考えられるから、「住吉大明神」「住吉現神」の名をふくむ二文書は、風土記編さんの命が出される七一三年以前のものではありえない。

「従三位住吉大明神大社神代記」については、もう少し年代を狭めることができる。神に位階を奉じることは天平年間（七二九―七四八）に始まっているから、「従三位住吉大明神大社神代記」の成立は天平になってからである。他方、『続紀』延暦三年（七八四）六月条に「正三位住吉神を勲三等に叙す」とあるから、「従三位住吉大明神大社神代記」は、同年五月以前に成立している。

合本された『大社記』の成立は比較的新しい。しかし、『大社記』末尾には、斉明天皇五年に大山下右大弁津守連吉祥の注進した「以前、御大神顕座神代記」と、大宝二年に定められた本縁起とを引き勘がえ、勅令によって勘注したと記され、天平三年（七三一）七月五日の日付と、神主津守宿禰嶋麻呂と遣唐使神主津守宿禰客人の署名が続く。天平三年の日付の後には、異なる筆で延暦八年（七八九）八月廿七日の日付が記され、郡司・国司の証判が捺されている。

最終の編さんは、延暦八年になされている。天平三年の勘注については、『古語拾遺』（八〇七年撰上）の記事が参考になる。

> 天平の年中にいたりて、神帳をかんがえ造る。中臣いきおいをもっぱらにして、こころのままに取りもし捨てもし、由あるは小さき祀《やしろ》もみな列にいり、縁《よし》なきは大なる社もなお廃てられ、もうしおこなうこと、当時ほしいままにして、諸社の封税《おほちから》もすべて一門にのみ入りき。[9]

天平年間になって作られた諸社の神帳は、神領を確定したり、封税を科したりする目的であったかと思われる。「従三位住吉大明神大社神代記」はその一つで、『大社記』末尾の年紀どおり天平三年（七三一）になったと考えてよいであろう。

「大宝二年に定められた本縁起」が、どの文書を指すのかは明らかでない。斉明天皇五年（六五九）に、大山下右大弁津守連吉祥が注進した「以前、御大神顕座神代記」について見ると、「大山下」は、大化五年（六四九）から天武十四年（六八五）にかけて用いられた冠位である。『善隣国宝記』所引の『海外国記』には、天智三年

（六六四）四月にかけて「大山中津守連吉祥」と見えるので、[10]吉祥が大山下であったのは、大化五年以降、天智三年以前のことになる。「御大神顕座《あれます》神代記」は、『大社記』末尾に記されるとおり、津守連吉祥によって斉明天皇五年（六五九）に注進されたと考えられる。

『大社記』の中核となったのは、奉祭氏族の津守吉祥が注進した文書であろう。六五九年の成立であるから、最終の年紀延暦八年（七八九）を百年余りさかのぼる。この文書名には「御大神」とあって、地名が付された神名は用いられていない。

『大社記』中、冒頭の二文書名に続いて、五―六行目には、「玉野国、渟名椋の長岡の玉出の峡の墨江の御峡に座《いま》す大神を、今、墨江の住吉大神という」とある。「墨江の御峡にいます大神」であって、「墨江御峡大神」は神名ではない。さらに、「今、墨江の住吉大神という」とあり、もとは地名を冠した「住吉大神」という名をもたなかったとする。本文中でも、一三五行目の割注に「住吉大明神」とある他は、「住吉大神」の名はどこにも用いられていない。それに引きかえ、ただ「大神」とよぶ箇所は二〇回近くにわたる。[11]「墨江御峡にいます大神」は至高神であって、固有の名はない。大神のいます所の名が付されているだけである。

『大社記』には「墨江にいかだ浮かべて渡りませ住吉の背子《せこ》」（三八二行）という土地の民謡が記されている。「墨江にいかだ浮かべ」が示すように、「墨江」は入り江の名である。「住吉の背子」は「住吉に住むあなた（男性）」の意であろうから、「住吉」は土地の名として使われている。「墨江」と「住吉」は、明確に使い分けられている。

読み方は同じスミノエであっても、「墨江」と「住吉」には大きな違いがある。「墨江」は「清んだ江」、「住吉」ならば「住みよい地」である。「墨江大神」は「江にいます神」、ひいては「海の神」を意味するが、「住吉大神」は住みよい土地の神である。『大社記』は「墨江」と「住吉」の書き分けにこだわりを見せるが、それは墨江大神と住吉大神の違いを意味するからであろう。

住吉大社の神殿は四宮あるが、第一宮、第二宮、第三宮には筒男三神、第四宮に姫神が祭られている。『大社記』は神殿の四宮について、次のように記す（七行以下）。

第一宮　表筒男

第二宮　中筒男

第三宮　底筒男

右三前。令二三軍一大明神。（亦御名。向匱男聞大歴五御魂速狭騰尊。又速逆騰尊。）

第四宮（姫神宮。御名。気息帯長足姫皇后宮。奉祭祀神主。津守宿禰氏人者。手搓見足尼後。）

第四宮の割注によると、姫神宮の別名は気息帯長足姫《おきながたらしひめ》皇后宮とされる。「宮」の語源は、「御屋」「御家」である。「姫神のいます御殿は、オキナガタラシヒメ皇后のいます御殿という名をもつ」のなら、姫神＝オキナガタラシヒメ皇后かというと、そうではない。祭政未分化の時代において、一族の祭神は主権者の屋内に祭られた。姫神は、オキナガタラシヒメが住まう御殿で祭られたであろう。『大社記』三一九行の「吾は御大神と共に相住まむ」というオキナガタラシヒメの言葉は、その状況を示す。『記』『紀』にもオキナガタラシヒメが神寄せをしたことが記されているが、オキナガタラシヒメを依り代として神が現れるのであるから、ヒメのいるところに神がましますと信じられた。

奉斉神主津守氏が祭るのは、姫神とされる。第一宮、第二宮、第三宮に祭られる筒男三神の奉祭氏族は記されていない。『記』『紀』にも、筒男三神の奉祭氏族は記されていない。津守氏が祭るのは、ヌナクラのスミノエにいます姫神ということになる。

イナクラ山にいますトヨウカノメ

『摂津国風土記』には、イナクラ山についての逸文が二つある。

逸文［1］

稲倉《いなくら》の山。

昔、止与岐可乃売《とようかのめ》の神、山の中に居て飯《いい》を盛りたまひけり。因《よ》りてもちて名とせりといふ。

逸文［2］

昔、豊宇可乃売《とようかのめ》の神、常に稲椋《いなくら》の山に居て山をもちて膳厨之処《みくりや》としたまひけり。後に事故《さはること》ありて、やむことをえず、ついに丹波の国の比遅《ひち》の麻奈韋《まなゐ》（地《ところ》の名なり）に還《かへ》る。

逸文［1］によれば、トヨウカノメの神は山にいて飯を盛っていた。［2］によれば、トヨウカノメは山にいて、山を膳厨之処《みくりや》＝炊事場とする、かまど神である。かまど神は、火を司る神であり、生活に欠かせない食物を与える。

二つの逸文は、トヨウカノメがイナクラ山にいたとする。社《やしろ》が作られるようになるのは時代を下ってからのことで、それ以前は山そのものが神のいますところと信じられた。逸文には、社が建てられるようになる以前の信仰の形が残っている。

トヨウカノメと豊受大神

神名「トヨウカノメ」は、トヨ＋ウカ＋ノ（助詞）＋メからなる。第一章で神名「豊受大神」について述べたように、トヨは美称で、豊かですぐれていることをほめる語である。ウケ、もしくは母音変化したウカは、「神」という概念が生れる以前に、食物の与え主である大いなる霊力が呼ばれた名であったと考えられる。メは女性を意味する。イナクラ山にいますトヨウカノメは女神で、食べ物の与え主である。

他方、豊受大神についてみると、『五部書』には、雄略二十二年に天照大神が御饌都神《みけつかみ》である豊受大神とともに御饌《みけ》を食したいと望んだため、豊受大神が丹波から伊勢に移されたと記されている。丸邇の比布礼能意富美《ひふれのおおみ》の娘宮主《みやぬし》の矢河枝比売《やかわえひめ》（応神記）、伊勢国の釆女や春日の袁杼比売《おどひめ》（雄略記）、倭の釆女（雄略紀二年）などの例に見られるように、豪族の首長の子女が大王に食物を供するのは、服属儀礼であった。アマテラスに食事を供するため招かれたとする文脈から推して、豊受大神は女神である。また、食事を供するため呼ばれたことも、料理をするものとして、火を扱うこととつながっている。

トヨウカノメと豊受大神は、ともに女神であり、火を扱う調理とつながりをもつ。名称から考えても、同一神としてよいであろう。ウケもしくはウカと呼ばれた神が、トヨウカノメと呼ばれるようになり、さらに時代を下ると、豊受大神と名付けられたのではないか。

「海部氏勘注系図」には、「戊申年（七〇八年）春正月七日に豊受大神が久志比の真名井原の籠《こ》の川のほとりに下った」と記されている。勘注系図のこの記事を、筆者は長い間、雄略朝に伊勢に移されていた（豊受）大神の祭祀が、ふたたび丹波の地で認められたとの意味に理解していた。しかし、あらためて考えると、祭祀の中心が伊勢に移されたとしても、人々が大神を祭ることを止めたとは考えられない。それまでは別の名、たとえばウカやウケ、もしくは単に大御神とよばれていた神に、七〇八年になって大和政権が豊受大神という名を与えたのではないか。ここまでの推測が正しければ、後に豊受大神と呼ばれるようになった神がイナクラで祭られていたことになる。

七二〇年成立の『紀』は、稲や穀物の神霊をウカノミタマと呼ぶ。神代紀上第五段一書第七では、「倉稲魂」は宇《う》介《か》能《の》美《み》拕《た》磨《ま》と訓じられる。ウカの神は穀物霊とされて、火を扱うものの性格を失う。

ヌナクラとイナクラ

トヨウカノメがいましたとされるイナクラは、『摂津国風土記』に記されているのだから、摂津国に位置したに違いない。

「スミノエ」の由来を述べる『摂津国風土記』逸文は、住吉大神が祭られた地を「沼名椋《ぬなくら》の長岡《ながおか》の前《さき》」とする。『紀』は、神功皇后が新羅で勝利をおさめて帰る途中、住吉大神である筒男《つつのお》三神が、「我が和魂を、大津の渟中倉《ぬなくら》の長峡《ながお》に座さしめよ。そこで往来する船をみそなわそう」と言われたので、その教えのままに鎮座せしめたとする。

『大社記』は、大神のいます地を「渟名椋《ぬなくら》の長岡の玉出《たまで》の峡《を》の墨江の御峡《みを》」（五行）、「住吉郡神戸郷墨江」（六行）、「大津の渟中倉の長岡峡国《ながおかのをのくに》」（三一〇行）、「渟中倉の長岡の玉出の峡」（三一三行、三三一行）などとする。

『摂津国風土記』逸文、『紀』、『大社記』の三書は、住吉大神が祭られた地をヌナクラの岡とする。ヌナクラのヌナは、「聖なる」「すぐれた」を意味する美称として、『紀』では天渟名井《あめのぬない》、天渟中原瀛真人天皇《あまのぬなはらおきのまひと》（天武天皇）に用いられる。クラは、「座＝クラ」に通じる。「高御座《たかみくら》」「磐座《いわくら》」などにみられるように、尊い座を意味した。

ヌナクラは「神聖な場所」「神のいます座」などの意味をもつ。イナクラ山には、かまど神であるトヨウカノメがいます。「神聖な場所」「神のいます座」であるイナクラは、ヌナクラとも呼ばれえたのではないか。

ヌナクラは「神聖な場所」「神のいます座」の意味をもつが、語源としては、ヌ（＝「玉」を意味する「瓊《に》」の母音交替形）＋ナ（＝「の」を意味する助詞）からなっている。ヌナクラは、「玉のいますところ」の意味をもつ。『大社記』を見ると、大神のいます地を「玉野国《たまののくに》、渟名椋の長岡の玉出の峡の墨江の御峡」、「渟中倉の長岡の玉出の峡」などとして、玉との関連を強調している。トヨウカノメと豊受大神が同一神とすると、豊受大神は玉にたとえられる海神の娘である。その神がいますところは、ヌナクラと呼ばれるにふさわしい。

豊受大神と住吉大神

イナクラ＝ヌナクラとすると、スミノエにおいて、トヨウカノメ（＝豊受大神）と住吉大神の両神が祭られていたのであろうか。

「住吉」の名の由来を記す『摂津国風土記』逸文は、住吉大神はオキナガタラシヒメのときに現れたとする。『記』『紀』『大社記』の三書も、この点については一致する。オキナガタラシヒメの子が、河内王朝を開いたとされる応神天皇である。

通説では、三〇〇年代末の応神と前王朝とのあいだに、何らかの飛躍があったであろうとされる。応神以前の王たちの名がイリを含むのに比べ、応神の別名はホムタワケで、イリ王朝から、ワケをふくむ名の王たちが続くワケ王朝へと権力の移行があったらしい。

応神の即位を助けた人物として、『大社記』はタケフルクマの名をあげている。タケフルクマは、先に述べたように『記』『紀』「海部氏系図」に現れる人物である。丸邇氏つぶしにかかったと思われる大和政権側の文書『記』『紀』にも、丸邇氏の祖として名を残すタケフルクマは、歴史上の人物と見なしてよいであろう。

『記』『紀』によれば、応神は山部と海部を定めている。ということは、応神朝までは、一豪族、もしくは豪族の連合体は、山部と海部の両方をふくんでいた。食物をうるための漁業・農業に直接たずさわる人々に加えて、舵取り、水夫、港湾管理者、造船術・航海技術者などを抱えていたばかりでなく、造船のための植林、営林、農具・工具を作るための採鉱、冶金を行う人々もいたであろう。彼らは一族の首長と同じ神を信じたであろう。

海部と山部とに分けられると、漁業従事者、舵取り、水夫、港湾管理者、航海術をもつ者は海部に、農業、植林、営林、採鉱、冶金、農具・工具製作・造船などにたずさわる者は山部に属すことになる。

海部と山部の制定によって、タケフルクマは一族を二分され、海部の姓を与えられて、丹波の国造に任じられる。氏族を二分され、丹後半島と難波で勢力をもった首長が国造に任じられるのは、応神の支配下に入ることを意味する。

同類のことが、河内でも起ったようすである。『大社記』には、「船木等本記」という書が含まれる。使用している文字などからみて、原資料は少なくとも大宝二年（七〇二）の本縁起に見えたもの、とくに船木・津守氏関係の記事は、斉明五年（六五九）の津守吉祥の勘注にかかるものかとされる。(12) この文書によると、津守の遠祖《とおつおや》は意富彌多足尼《おおみたのすくね》で、船司《ふねのつかさ》と津司《つのつかさ》とに任じられ、丹波国、阿波国、伊勢国、播磨国、周防国など、五国の船木連をまかされたとある。また、垂仁・景行天皇の御世には、この人物が大禰宜《おおねぎ》として仕えたとある。

津司は海部にあたるものの長、船司は山部にあたるものの長であろう。津守の祖であるオオミタが津司と船司とであったというのであるから、彼の時代、海部と山部は分断されていなかった。彼はまた、大禰宜であったとされる。禰宜は「祈《ね》ぐ」に由来する語で、一族の首長が神事の長でもあったようすをとどめている。オオミタが丹波の船木連を司っていたことが、注意を引く。

さらに「船木等本記」によると、オキナガタラシヒメのときには、オオミタの孫で津守の遠祖《とおつおや》の手搓足尼命《たもみのすくね》、船木の遠祖・田田足尼命《たたのすくね》、汙麻比《うまひ》止内足尼命《とうちのすくね》の三人が、大禰宜として相交わったとする。(13)「大禰宜として相交わった」のであるから、津守と船木は同じ神を祭っていたはずである。その神は、海の神でもあれば、火の神でもあったであろう。応神朝に海部と山部に分割されても、彼らは同族であって、人々は以前からの神を祭ったと考えられる。

スミノエで祭られたこの神の名は、七〇八年には丹波の祭祀と連動して豊受大神となったのではないか。しかし、七一二年に成立した『記』によって、豊受大神は外宮にいます神とされ、トヨウケビメ（＝トヨウカノメ）は別神として、火の神から生れたとされる。次いで、七二〇年に成立の『紀』によって、住吉大社はツツノオを配され、火の神でもある豊受大神を祭ることは許されなくなったのではなかろうか。

『姓氏録』摂津国神別によると、津守宿禰は尾張宿禰と同祖で、火明命の子孫である。「海部氏系図」によれば、海部氏の始祖は火明命とされる。津守氏と海部氏は、同じ神を祖神とする。火明命は、大和政権が七一九年に海部氏に割り当てた神である。しかし、それ以前に丹波が祭ったのは、豊受大神（と呼ばれるようになった神）であった。津守氏が祭っていたのも、同じ神であっただろう。丹波国のタケフルクマが難波で勢力をもっていたのだから、そうであっても不思議はない。

別の点からも、おなじ推定に達する。『大社記』冒頭には、次のように記されている。

（天地がまだ分れておらず、混沌として鶏の卵のようであったとき）天まず成りて、地のちに定まる。しかしてのち、神聖《かみ》その中に坐《ま》します。故《かれ》曰く、天地のわかるる始め、国土の浮かび漂へること、たとへば遊ぶ魚の水の上に浮けるがごとし。ときに天地のなかに一つのもの生れり。かたち葦牙《あしかび》のごとし。すなわち神となる。天御中主尊《あめのみなかぬしのみこと》。一書に曰く、国常立《くにとこたちの》尊。

天地生成の時点では、神に性別はない。天地初めの国土のさまが魚にたとえられており、この神を信じた人々が海人族であったことを思わせる。天地の中に神聖が存在し、そこから天御中主尊が生ったとされる。

『大社記』は続けて、天御中主尊から七代目に男女であるイザナキ・イザナミの神が生れ、イザナキがみそぎをしたさいに、三柱のワタツミの命《みこと》とともに三柱のツツノオの命《みこと》が生ったとする。神を信じるなら、だれしも最高神を信じるであろう。最高神を知りながら、二番手の神を奉じるものはない。津守一族が奉じたのは、天御中主神であったと思われる。天御中主神の別名は、第一章で述べたように、豊受大神である。

トヨウカノメ、スミノエを追われる

『摂津国風土記』逸文［2］には、トヨウカノメは「後に事故《さはること》ありて、やむことをえず、ついに丹波の国の比《ひ》遅《ち》の麻《ま》奈《な》韋《い》に還《かへ》る」とある。マナイは、上代の丹波国において与佐、丹波、加佐三郡に存在した[14]。与佐、丹波、加佐は七一三年の丹波国分国後は丹後国に属すから、「丹波国のマナイ」とする逸文［2］の記す内容は、それ以前の伝承である。七一三年以前のあるとき、トヨウカノメが攝津国にいられなくなり、丹波国のマナイに移っている。それは、『記』成立のときではなかったかと思われる。

七〇八年に、丹波で祭られる神に「豊受大神」の名がつけられたのは、現在ではささいなことに見える。しかし、このできごとは、もともと至高神を意味した名称「豊受大神」が固有名詞化される可能性を含んでいた。至高神に固有名詞をつければ、他の神々をも作り出せる。神を相対化すれば、その神を信じる豪族を位置付けることができる。天平年間（七二九―七四八）になると、神に位階を奉じることが始まっている。神に位を与えるなど、神を畏れない冒瀆行為であるが、これを行ったのは当時、神事権をにぎっていた藤原・中臣一族であった。「豊受大神」の名を丹波の神に与えたのは、藤原・中臣一族の遠謀であっただろう。

『記』が豊受大神を伊勢の外宮にいます神と定めると、丹波の籠の川のほとりで祭られた豊受大神はどうなったのであろうか。宙に浮いたままであったのかもしれない。七一九年になって、大和政権は火明命を海部氏に割り当てている。

他方、スミノエに祭られる神は墨江大神とされる。スミノエにいます大神の名が、「墨江大神」という固有名詞になっている。その神として割り当てられたのが、ツツノオであった。その結果、

（1）スミノエにいます至高神は、神々の中の一柱とされる。
（2）ワタツミの神とともになったとされるため、海の神ではなくなる。
（3）ツツノオと命名され、男性神と定められる。
（4）豊受大神は伊勢外宮の神とされて、スミノエとは関係がなくなる。

トヨウカノメ、丹波に戻る

『丹後国風土記』逸文には、丹波国のヒチのマナイについて、次のような伝承がある。

丹後国丹波郡比治《ひち》の里の山の頂に泉がある。その泉の名を麻奈井《まない》という。その泉は今はすでに沼になっている。以前、そこに天女八人がくだって水浴びをした。それを見つけた老夫婦が天女一人の衣をかくした。天

女は衣を返してもらったあとも老夫婦の家にとどまって、酒造りを教えた。老夫婦はゆたかになると、天女を追い出した。天女は丹波郡の村々をさまよった後、竹野郡船木の里の奈具《なぐ》の村にとどまった。それが竹野郡奈具社にいますトヨウカノメの命である。

以上はあらすじであるが、ここに記されているトヨウカノメには、(1)米と関係する(2)米を蒸すための火とむすびついている、などの特徴がある。食物との関係、火とのむすびつきなどは、『摂津国風土記』逸文[1]、[2]中の、飯盛り神でかまど神のトヨウカノメの特徴と一致する。丹波郡比治《ひち》の里の山の頂の泉麻奈井《まない》にくだったとされるトヨウカノメは、『摂津国風土記』逸文[2]が、丹波の国の比遅《ひち》の麻奈韋《まない》に戻ったとするトヨウカノメのことであろう。

トヨウカノメは丹波の村々をさまよい、船木の里の奈具にとどまったとされる。丹波の船木の里にとどまったというのは、単に神を祭る社が移されたということではなく、その神を祭る一族が移されたものと思われる。トヨウカノメは丹波に戻されるが、丹波のどこでもよかったのではなく、船木の里で祭られた。

住吉大社の四方の境界について、『大社記』には「東を限る、――道。南を限る、墨江。西を限る、海棹の及ぶ限り。北を限る、住道郷。」とある。棒線部分は、原本から欠けている。『大社記』「膽駒神南備山本記」によれば、住吉大社の神領は生駒連山、「山河奉寄本記」によれば金剛山脈とその西側に広がる河内平野を含んでいる。(15)

生駒山連山と葛城金剛の連山は北から南へと壁のようにつづき、大和平野と河内平野を東西に隔てる。(16)住吉大社は上町台地南部に位置するから、生駒連山・金剛連山が神領であったとすると、その中間地帯一帯はどうであったのか。古墳時代には、上町台地の東側には河内湖が広がっていた。もとはこの地帯も、住吉大社を祭る一族が所有したのであろうか。大社の東側の境界が『大社記』から欠けるため、知ることができない。生駒山西側の山麓には、日下・草香の名が残っている。日下部首はシマコの子孫であった。丹波の海部氏と津守氏が同族とすると、この地域の少なくとも一部は、住吉大社の神領であった可能性がある。

生駒山から葛城山山麓の河内側の山裾から平野部にかけて、大和王家陵を中心に、古市古墳群・百舌古墳群が広がっている。生駒連山と葛城連山に途切れる隙間を通って、大和から大和川が河内・難波へと流れ下る。その口の所は現在大阪府柏原市域であるが、大和から難波への出入り口に当り、古代以来の交通の要地であった。

生駒連山南端西側の山裾のこの地、現柏原市大県《おおあがた》に、大県製鉄遺跡がある。遺跡は、この地の古墳群の造営時期と時期をほぼ同じくしている。古墳時代中後期、五世紀半ばから七世紀半ばまで、百五十年あまりにわたって活動した大鍛冶工房であったことが知られている。この遺跡から出土した羽口・鉄滓の多さ（鞴羽口は約千個、鉄滓の量約五百キログラム）は日本自給鉄の使用をもの語り、日本での鉄精錬の始まりの証拠ともいわれる。大県遺跡周辺には、鍛冶工房ばかりでなく、玉作工房、埴輪工房が密集している。(17) スミノエの一族に、船木と呼ばれる、火を扱う人々がいた。彼らが製鉄に従事していたのではないか。彼らは津守氏と同じ神を祭っていたはずである。

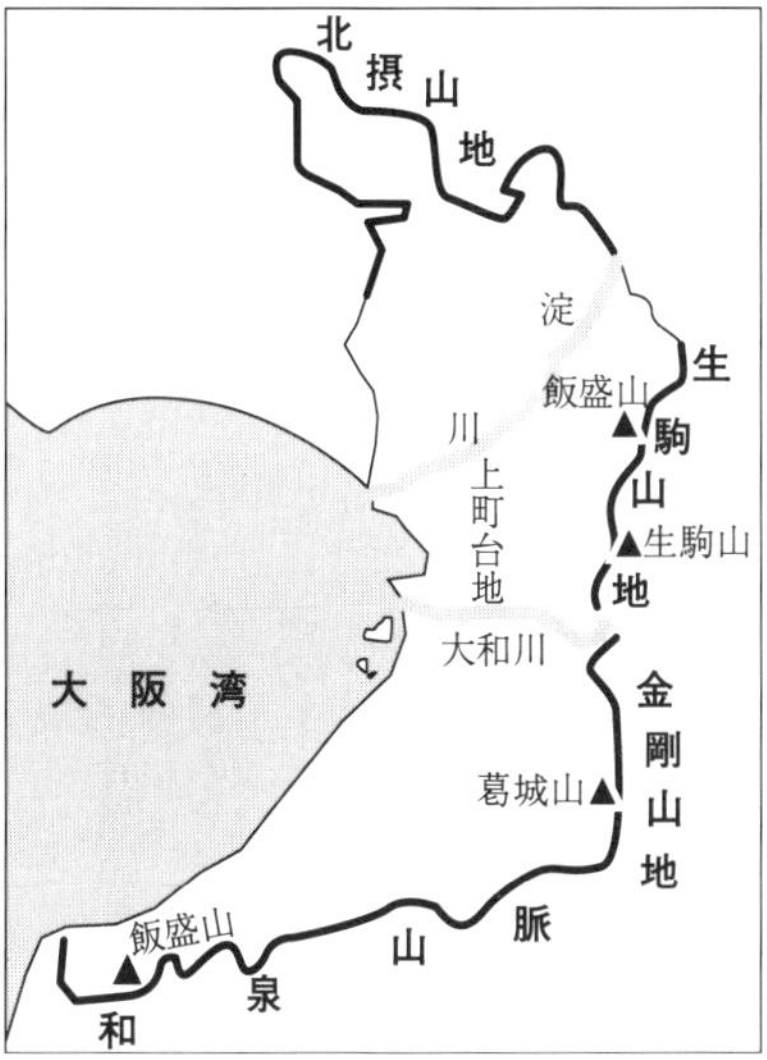

柏原市堅下《かたしも》地区には、天皇行幸のときの宿泊場として「竹原井頓宮《たけはらいのかりのみや》」がもうけられた。竹原井頓宮に宿泊した最初の天皇は、元正天皇である。養老元年（七一七）二月難波宮からの帰途ここに泊っている。次は天平六年（七三四）、聖武天皇がやはり難波宮の帰りに宿泊している。天平十六年（七四四）、宝亀二年（七七一）にも、天皇が平城宮・難波宮間の行き来のときに利用している。この地域が、住吉大社の神領であった可能性がある。

大県製鉄遺跡が位置するのは生駒連山の南端西側であるが、北端には三一四メートルの飯盛山が位置する。「飯盛山」の名は、何らかの伝承にもとづく名であろう。『摂津国風土記』逸文にしるされる、飯を盛る神がいますとされた山ではなかろうか。生駒連山が住吉大社の神領であったとすると、大社で祭られる神と同じ神がここにいますと信じられたと考えられる。大社で祭られる神は姫神で、海の神であると同時に、穀物と火を司る神でもあったことになる。

摂津国を追われたトヨウカノメがとどまったのは、丹波の船木の里の奈具《なぐ》の村とされる。ここには、津守氏と同族の船木連がいた。古墳時代中期の奈具岡遺跡からは、武器・工具・農具など、あわせて鉄製品百十七点が出土している。ちなみに、弥生時代鉄製品の出土例は、平成十四年初頭現在、丹後からは三百三十点を数えるが、同時期の大和では十三点にしかならない。竹野川沿いのこの地の対岸では、遠所《えんじょ》遺跡が発見された(18)。この遺跡からは、古墳時代後期後半（六世紀後半）と奈良時代後半（八世紀後半）の二つの時期の製鉄炉跡が検出された。製鉄遺構だけなく、鍛冶遺跡も発掘されており、一大製鉄コンビナートを形成していたことが知られている。

スミノエで火の神トヨウカノメを祭ることが許されなくなると、住吉大社神領内で火を司る仕事にたずさわった船木の人々はイナクラを追われ、丹波国船木に戻ったのではなかろうか。「行った」のではなく「戻った」とされるのは、丹波国はもともと、海の神でもあれば火の神でもあるウケ・ウカの神を祭ったからであろう。

現京丹市（もと竹野郡）網野町字網野の式内社網野神社の祭神は、水江日子坐《ひこいます》主命・住吉大神・水江浦島子神である。弥栄町舟木字奈具には、トヨウカノメを祭る奈具神社が鎮座する。もと竹野郡では、トヨウカノメと住吉大神が祭られているのである。開化天皇の皇子ヒコイマス、およびその子孫の時代には、この地でトヨウカノメと住吉大神は一神格として祭られたのではないか。

住吉大神とツツノオ

ツツノオの祭祀が『記』『紀』によって津守氏に割り振られたとすると、津守氏はなぜこれを受け入れたのだろうか。『記』は冒頭で、天之御中主神を天地生成の原初の神として認めている。大筋からみれば、『記』の神学にあえて異議をとなえるほどではないと思われたのか。それとも異をとなえるだけの勢力がなかったのか。また『記』は、「ワタツミの神は安曇連らが祭り仕える神」とする。「ら」のなかに津守氏もふくまれるとの大和政権側の釈明もありえた。

『紀』になると、新羅から帰国の途中、ツツノオ三神が皇后オキナガタラシヒメに「大津の渟中倉の長峡に祭られたい」と告げたとある。『記』にはなかった部分が付加されている。タラシヒメにことよせて、スミノエの地にツツノオを祭らせるために加筆されたのではないか。それにしても、『紀』にはツツノオの奉祭氏族の名が記されていない。『紀』が書かれた時点では、まだツツノオはスミノエで祭られていなかったからであろう。

では、いつからツツノオが住吉大社で祭られるようになったのか。『大社記』一三四―五行には、「底筒男命。中筒男命。表筒男命。三所大神」に続く割注に、「今、墨江御峡大神と謂《い》ひ、たたえて住吉大明神と称すなり」と記されている。「住吉大明神」という名称は、この割注と文書名「従三位住吉大明神大社神代記」においてのみ用いられている。割注と文書名を省けば、「住吉大明神」の名称は存在しないから、『大社記』原本で用いられた名称ではない。
「従三位住吉大明神大社神代記」が天平三年（七三一）になったとすると、住吉大社でツツノオが祭られるようになったのも、同じときであろう。ツツノオを住吉大明神として祭るように命じられたと考えられる。
天平時代になると、中臣氏が祭祀行政をほしいままにした。議政官は同族の藤原一族が掌握しており、天皇位についていた聖武は、藤原不比等の孫であった。天平元年（七二九）に左大臣長屋王が自殺を命じられた翌月には、不比等の長子武智麻呂が大納言に昇任している。大臣抜きの大納言で、中納言には武智麻呂の妻の伯父にあたる阿倍広庭、参議に不比等の次男房前がついていた。三男宇合は、神亀三年（七二六）に知造難波宮事に任じられ、天平三年（七三一）には、四男麻呂とともに参議となっている。この頃になると、藤原・中臣の権勢は、津守氏をしのいでいる。『記』『紀』が作り出したツツノオ三神を住吉大神として、「墨江にいます大神」の代りに祭らせることもできたであろう。

ツツノオは星神

「ツツ」はツツノオばかりでなく、『記』『紀』の他の神名にも用いられている。

『記』（イザナキが火の神カグツチを切ったとき、）その剣の先についた血が、湯津石村《ゆついわむら》にほとばしりでて、そこになった神の名は、石析神《いわさくのかみ》。つぎに根析神《ねさくのかみ》。つぎに石箇之男神《いわつつのおのかみ》。

『紀』イザナキがカグツチを切ったとき、その剣の先からしたたる血がほとばしって、天八十河中《あまのやそのかわら》にある五百《いほ》箇磐石《ついわむら》を染めた。これによって神が生れた。名づけて、磐裂神《いわさくのかみ》という。つぎに根裂神《ねさくのかみ》とその子磐《いわ》筒男神《つつのおのかみ》。つぎに磐筒女神《いわつつのめのかみ》とその子経津主神《ふつぬしのかみ》（神代上五段一書第七）。

『紀』には以上のほかに、イザナキがカグツチを切ったとき、その剣の刃からしたたる血が天安河辺《あまのやすのかわら》にある五百箇磐石になったとする伝承もある（神代上五段一書第六）。天八十河原と天安河辺は同じものをさすと見てよいだろう。

他方、『万葉集』に、七四九年家持作の「七夕の歌一首あわせて短歌」がある。

安の川　中にへだてて　向かひ立ち　袖振り交し……（四一二五）

天の川　橋渡らせば……（四一二六）

安の川　い向かひ立ちて……（四一二七）

これらの歌において、「安の川」と「天の川」は同意である。「天八十河」もしくは「天安河」とは「天にある安の川」のことで、「天の川」を意味する。「五百箇磐石」は、天の川をなす多数の赤い石、つまり「星」をさすであろう。

「五百箇磐石」から生れた五柱の神々——磐裂神、根裂神、磐筒男神、磐筒女神、経津主神——について、藤原浜成（七二四―七九〇）は『天書』に、次のように記している[19]。

気化為レ神、号曰二磐裂一、是謂二歳星之精一、裂生二根去一、是謂二熒惑之精一也、去生二磐筒男一、是謂二大白之精一也、男生二磐筒女一、是謂二辰星之精一也、女生二経津主一、是謂二鎮星之精一也

表にすると、

磐裂——歳星（木星）

根裂——熒惑（火星）

磐筒男――太白（金星）
磐筒女――辰星（水星）
経津主――鎮星（土星）

となる。五惑星に神々が配されている。このなかで「磐筒男」は、太白星（金星）とされる。『記』『紀』がスミノエの神とするツツノオは、『天書』によれば星神、それも金星神を意味する。

注意を引くのは「気が化して神となった」と記されていることである。星を化身とする神々の前に、「気」が存在したとする。「キ」または「ケ」とよばれた神が分割され、星神になったことを含むのではないか。

浜成は藤原不比等の四男麻呂の子で、最古の歌学書『歌経標式』を著している。延暦元年（七八二）、天武の曽孫・氷上川継の「謀反」が現れたおり、川継の妻の父であった浜成は大伴家持などとともに罰せられている。家持はまもなく疑いがはれたのか、もとの地位に戻されるが、浜成は七九〇年に没するまで中央政界に復帰できなかった。一族の中で主流でなかった浜成は、同族の専制横暴について批判的であったのか。浜成が「気」の神と星神について記す内容を疑う理由がないから、ツツノオが金星神であった傍証としてよいであろう。

万葉歌浦島伝の冒頭に、「水の江の浦の嶋児がかつおを釣り鯛を釣って」とある。明星の方言名に、「かつおぼし」「たい（つり）ぼし」がある。[20] これらを方言とする宮津市には、籠神社が位置する。「たい（つり）ぼし」の方言が、現在も使われているのかどうかを知りたくて、丹後半島を訪れたことがある。天橋立近辺や舟屋のある伊根町の漁師さんたちに尋ねても、「知らない」とのことであった。伊根町役場に行き、応対に出てくださった若い職員の方に、「たいぼしって、どの星か、知ってますか」と尋ねると、「知らないなあ。でも、どの星かって言えば、金星のことでしょう」との返事であった。丹波国と結びつきをもつ津の国スミノエでも、「かつおぼし」

「かつおを釣り鯛を釣り」とするシマコ伝は、「かつおぼし」「たい（つり）ぼし」の名を知る人々に、明星としてイメージされた神を思い出させたのではないか。

四　消えた亀

前章で引用した大津皇子の歌の題詞に、占いをしたのは津守連通《とおる》とある。(21)当時の主な占いには、亀卜、鹿卜、星占などがあるが、航海を司った一族は、海の旅の無事を、海を自由自在に行き来する亀から占ったのではないか。朱鳥元年（六八六）に大津皇子が処刑される以前に、津守連通が用いたのは亀卜であったと思われることは、先に述べた。

天平五年（七三三）の入唐使に送られた『万』四二四三には、次のようにある。

住吉に　斎く祝《はふり》が　神言《かむごと》と　行くとも来とも　船は早けむ

（住吉の社に仕える神官のお告げによれば、行きも帰りも船は早いでしょう）

住吉の祝が神言と告げるには、何らかの占いを用いたのであろう。それが亀卜であったか否かは、明らかでない。祝《はふり》とあって、卜部とされていないから、亀卜でない可能性のほうが大きいと言える。

それに比べると、やはり前章で引用した『万』三六九四は、天平八年（七三六）の遣新羅使船上で詠まれている。朝廷から任命を受けて遣新羅使に同行している卜部による占いで、亀卜である。

前章でも述べたが、朱鳥元年（六八六）以前には、亀卜は大和政権と関係なく用いられたようすである。しかし、養老二年（七一八）に養老律令が成立し、卜部二十人が神祇官のもとに置かれる。施行は七五七年であるが、養老律令の成立によって、次第に亀卜は大和政権専用となり、任命されたもの以外は使うことが許されなくなったと思われる。

『紀』の浦島伝では、亀は姿を現すが、神の取る姿とはされない。万葉歌浦島伝に亀が姿を現さないのは、『紀』の成立によって、亀を通して意志を示す神を奉じることが、朝廷外では許されなくなったためであろう。

五　空になったクシゲ

墨吉に戻ったシマコが篋を開くと白雲が出、クシゲは空になる。万葉歌中、ヲトメからもらった箱は、「篋」「筥」「玉篋」「箱」などと記されている。いずれも竹冠をもつ字である。

タケは、タ＋ケ乙からなる。上代語「タ」は、名詞・動詞・形容詞に冠して用いられる接頭語で、多いこと、まさっていること、重んずること、感謝することなどを意味する。ケ乙は聖なる生命力・霊力をさした。ケ乙には、食物・食事の意味もあった。

神名・豊受大神の中核をなすのは、ウケである。「ウ」は接頭語で「大きい」を意味するから、ウケ、もしくは音韻変化したウカは、タケと同意である。タケは神名でなかったとしても、大いなる生命力・霊力であるウケを指すと考えてよいであろう。

「篋」「筥」「玉篋」「箱」は、いずれもタケを冠とする入れ物である。タケを最上位にいただくあらゆる入れ物から、玉が失われる。海神のヲトメが、あちらこちらの神殿から失われたことを意味するのではないか。

スミノエは大伴大連《おおむらじ》金村が住んだ地（欽明紀）であった。天平五年（七三三）の遣唐使に贈られた『万』四二四五（作者未詳）には、遣唐使が奈良から「難波にくだり、住吉の三津」より船に乗って出発したとある。同じ歌は、その船のへさきにいます神を「墨吉のわが大御神」とよんでいる。『万葉集』には、この年の遣唐にさいしての歌がいくつか収められている。歌一四五三には「難波潟　三津の埼より　大船に」、歌一七九〇の題詞には「天平五年癸酉、遣唐使の船、難波を発ちて海に入るとき」とある。『続紀』には、やはりこのときの遣唐使出発地について、「遣唐の四船、難波津より進発す」とある。出発地とされる「住吉の三津」「難波潟　三津の埼」「難波津」の、互いの関係は定かでない。

他方、『万』八九四、八九五、八九六は、同じく天平五年に山上臣憶良が遣唐使にささげた歌であるが、遣唐使の帰着予定地を「大伴の御津の浜辺」「大伴の御津の松原」「難波津」としている。「大伴の御津」と「難波津」は同じ港か、それとも前者が後者に含まれたとみられる。

文武（もしくは持統）天皇が難波宮に行幸したおりの歌『万』六六には、「大伴の高師の浜」とあって、現在の堺市南から高石市にかけての海岸も、当時は「大伴」の名をもっていた。「大伴」は、現在の大阪市から堺市にかけての地域に付された名であった。

天平勝宝七年（七五五）大伴家持作の万葉歌四四〇八に、「須美乃延《すみのえ》の我が皇神《すめかみ》」とある。「皇神」は、一地域を領する最高位の神を意味して使われているであろう。翌年（七五六）作の歌四四五七には「須美乃江の浜松が根の」とあって、家持が奉じたのはスミノ江の神であったとわかる。

『紀』は海神を彦神としたばかりか、「江の神」を「土地の神」にすりかえている。このようなすりかえは、不比等が右大臣の座をしめ、中臣意美麻呂が中納言と神祇伯をかねるようになった和銅元年（七〇八）後のことであろう。それにしても、まだ大伴宿禰安麻呂が大納言としてならんでいた。壬申の乱で大海人皇子側について功があった彼をさしおいて、その奉じる神をすりかえることは、不比等にもできなかったに違いない。

七一四年五月に安麻呂が没すると、安麻呂の長男旅人が中納言として議政に加わるのは、七一八年三月である。七二〇年三月、旅人は征隼人持節大将軍として九州に赴任する。同年五月に『日本書紀』が奏上される。八月四日に不比等が薨じ、直後の十二日、旅人は勅命を受け京に帰還している。『日本書紀』の奏上は、まるで旅人の留守をねらってなされたかのようである。

不比等が海の神つぶしにかかった理由としては、公地公民制を原則として班田収授法を実施しようとしても、海の一族はその枠内におさまらない。それにくわえて、畿内をつなぐ淀川・大和川は難波を河口としたから、難波を手に入れることは畿内一帯の制覇権を意味した。難波は瀬戸内海運の発着地であり、大陸への航路の拠点であった。ここまで想定したように、もし丹波、伊勢、河内が同族で、同じ神を奉じていたとすると、不比等は巨大な豪族を相手にしている。畿内制覇のため、この豪族を分断し、彼らの信じる海の神の祭祀をつぶすことは必須であっただろう。祭政未分化の時代において、神事権の奪取は所領と統治権を奪うことを意味した。

六　死んだシマコ

『丹後国風土記』浦島伝では、シマコが神女からもらった箱を開けると、かぐわしい香のかおりが風雲とともに翻って、天に昇っていったとされる。しかし、万葉歌では、箱を開けると白雲がたなびき、シマコは急に年寄りになり、死んでしまう。このような違いは、何らかの歴史的背景をもつのであろうか。

高橋虫麻呂が嶋子伝を書いたと思われる時期の前後について、詳しくは巻末の年表に記した。この年表をながめると、七二七年頃、大宰帥として筑紫に下った旅人の留守中に、不比等の長男武智麻呂が左右大臣なしでの大納言となり、難波宮の造営、および摂津国の班田が行われている。天平二年（七三〇）十二月に大納言として帰京した旅人が見たのは、すっかり様変わりした難波の地ではなかったか。「家を出て三年の間に、垣根も家もなくなることがあろうか」と故郷の様変わりに驚きとまどうシマコは、大宰帥としておよそ三年間留守をして戻ってきた旅人の姿そのものではないか。

『大社記』末尾に記される年紀の一つは天平三年（七三一）七月五日で、大社神主の津守宿禰嶋麻呂と遣唐使神主津守宿禰客人の署名がある。先に述べたように、天平年間になって諸社の神帳が作られた。神帳をつくるにさいして神宝あらためのようなものが神祇官によって行われ、住吉大社の神宝の箱も開かせられたであろう。それは一族の神を信じない権力者に従う意味をもった。『大社記』に列挙される数々の神宝のなかに、鏡や装束を収めた「黒漆筥」、「麻桶筥」、「鏡筥八合」がある。万葉歌中、シマコが海神の娘からもらった箱には、「篋」「筥」「玉篋」などの字が用いられている。

万葉歌では、シマコは「箱を開けばもとのように家があるだろう」と思い、箱を開いたところ、煙がたなびいただけで、急に年をとり、あげくのはてには死んでしまったとある。旅人の死は『大社記』成立の二十日後、七月二十五日であった。当時、旅人の子・家持は、十四歳にしかなっていない。『大社記』成立後まもなく死んだ大伴旅人の姿は、もらった箱を開き、「ワタツミの神の娘」とのつながりを失い、死んでしまったシマコと重なる。

娘がその夫・家持とともに越中へ行ってしまったのを歎く歌四二二〇の作者・大伴坂上朗女は、大伴安麻呂の娘として六九五年頃に生れている。(22) 旅人の死後、家持を育て、大伴氏の中心的存在であったらしい。朗女が家長として一族の祖神を祭ったようすが、「神を祭る歌」と題された『万』三七九、三八〇などからうかがわれる。

大伴坂上朗女、神を祭る歌一首并《あは》せて短歌

ひさかたの　天《あま》の原より　生《あ》れ来《きた》る　神の命《みこと》……鹿《しし》じもの　膝折り伏して　たわやめの　おすひ取りかけ

かくだにも　我《あれ》は祈《こ》ひなむ　君に逢はじかも

（天の原から下られた先祖の神よ……鹿のように膝を曲げて身を伏せ、たおやめのおすひを肩にかけ、これほどまでも私はお祈りをしているのに、あの方に逢えないのではないでしょうか）

反歌

木綿畳《ゆふたたみ》　手に取り持ちて　かくだにも　我は祈ひなむ　君に逢はじかも

（木綿畳を手に取り持って、これほどまでも私はお祈りをしているのに、あの方に逢えないのではないでしょうか）

右の歌は、天平五年の冬十一月を以《もち》て、大伴氏の神を祭るときに、いささかにこの歌を作る。故に神を祭る歌といふ。

旅人の死後二年目になる天平五年（七三三）十一月に詠まれたこれら二首は、万葉歌嶋子伝と同時期の作である。二首ともに、「かくだにも　我は祈ひなむ　君に逢はじかも」で終っている。「逢はじかも」は、「もう会えないのではないか」の意である。歌三八〇の左注に「大伴の氏の神を祭る時」とあるから、「恋人に逢わせたまえ」とかいった個人的な心情を歌ったものではないだろう。自分たちの信じる神にもはや逢えないのではないか、という懸念の表現と思われる。

延暦二十三年（八〇四）の『皇太神宮儀式帳』供奉幣帛本記事には、「私幣禁断の制」が記されている。[23] 天皇以外の者、王臣家ならびに諸民が大神宮に幣帛を奉じることは、厳重に禁じられ、それに反することは流罪に准じるとされる。皇太神宮とは、アマテラスを祭る内宮と外宮豊受大神宮の両宮をさす。豊受宮は天皇のみが幣をささげる大神宮となり、その祭祀とそれに伴う封税は、中臣氏が一手に司るようになる。万葉歌浦島伝や郎女の右記の歌は、『皇太神宮儀式帳』に記される内容が、『儀式帳』成立以前から始まっていたことを思わせる。

七　星　宮

現在、住吉大社境内には摂社が四社、末社が二十一社ある。末社の一つは、星宮《ほしのみや》とよばれる。表参道から入ると、正面には四棟からなる神殿があり、それぞれの棟に筒男三神と神功皇后が祭られている。その左手奥、北側に星宮が立つ。うっかりすると通りすぎてしまうほどの、小さなお宮である。

見すごすようなお宮であるが、特徴がある。ひとつは、他の社殿の多くがくすんだ木肌色をしているのに比べ、星宮は朱色に塗られている。また境内社では、若宮八幡宮とこの社だけが「宮」とよばれている。「宮」は、ミ(霊力)＋ヤ(屋)で、「神や霊力あるものの屋」を意味する。若宮八幡宮と星宮のほかは、神社もしくは社と称される。「社」は「ヤ(屋)＋シロ(代)」で、ミヤの区域の意であろうから、「宮」のほうが先に発達した概念であろう。

星宮にかかげられている説明札には、次のように記されている。

星　宮
御祭神
国常立命

竈　神

竈神住吉大神と共に星辰
の神御縁由浅からず厄除の
為星祭を行う慣習古く古
来竈殿に竈神を祀り星
神なりと傳ふ
大方の熱願凝って両神の奉
斎となる

竈《かまど》神は人々が土間で生活していた時代にさかのぼる、きわめて古くからの信仰である。食物の神であるから、収穫、命、ひいては死、幸福を司る。家々の生活の中心であるかまどに祭られる、身近な神である。『摂津国風土記』逸文が記す、イナクラ山を炊事場所とし、飯を盛ったとされるトヨウカノメと一致する。

説明札によれば、このかまど神は星神である。星神がかまど神とされたのは、かまどに祭られたためばかりでなく、調理をするための火と星が結びついていたためであろう。

説明札は、かまど神＝住吉大神とする。かまど神＝星神であるから、住吉大神＝星神となる。住吉大社の社務所で、なぜ住吉大社に星神が祭られているのかおたずねしたところ、「住吉さんは海と航海の神さんです。星で気象や天候がわかるから、つながりがあります」という、明快なお返事であった。港を抱くこの地で、航海・漁業とむすびついた星神崇拝が、いまも生きていた。

住吉の地で従来祭られていた神は、海の神、航海神であり、また星神でもあったのであろう。星宮の説明札に「大方の熱願凝って両神の奉斎となる」とある。権勢を追い求める一族に翻弄されたにもかかわらず、元来ここで祭られた神が、今も人々の熱い願いによって祭られている。

第Ⅱ部　明星・聖母・真珠

第一章　古代人が見た金星

『古事記』『日本書紀』には、太陽神のアマテラス、月神のツクヨミが登場する。しかし、星神が崇められた形跡は残っていない。ところが、浦島伝では金星が大きな意味合いをもつようすがうかがわれる。金星は古代人にどのように見えたのかを、浦島伝以外の史料を参考に検証する。

一　金星の和名

『万葉集』長歌（九〇四）に、「明星」「夕星」の名が見られる。

白玉の　吾が子古日は　明星の　開《あ》くる朝《あした》は　しきたへの　床の辺《へ》去らず　立てれども　居れども　共に戯れ　夕星の　夕になれば　いざ寝よと……

「明星」「夕星」が対に用いられているから、この二つが同じ天体として知られていたとわかる。「明星」「夕星」という漢字が当てられる前に、和語の名前があったはずである。それは何であっただろうか。

「明　星」

「明星」の和名は、漢字読みのミョウジョウである前に、アカホシもしくはアカツツであった可能性がある。

アカホシ　万葉長歌には、「明星の開くる朝」（明星之開朝者）とある。「明星」は「開《あ》くる」にかかっているから、ミョウジョウではなく、アカホシであったと思われる。『和名抄』に、「明星阿加保之《あかほし》」とある[1]。神楽歌の十、十一世紀の写本には、「安加保乃《あかほし》は　明星は　くはや　ここなりや」とある[2]。新潟県佐渡には金星を意味する方言として「あかぼし」が残っている。沖縄県石垣島の方言では、「あかぷし」である[3]。

アカツツ　星をツツと呼ぶ史料が存在する。第Ⅰ部第二章でもふれた、『ウエツフミ』である。『ウエツフミ』には天文学的記述が多く、星辰伝説が多く含まれているが、星はツツと呼ばれる。ウルキツツ・スツツ・タタラツツ・トロツツ・カキツツ・ヤミツツなどは、二十八宿名の和名ウルキホシ・スホシ・タタラホシ・トロキホシ・トカキホシ・アミホシなどにあたると思われる。

『ウエツフミ』は偽書とされて、かえりみられることが少なかった。偽書とは、『記』『紀』を正典としての名である。ここでは、『ウエツフミ』の史実性を論じるのが目的ではないが、星をツツと呼ぶ一文化圏が日本列島に存在した事実は否定できないだろう。

『ウエツフミ』によれば、イザナギとイザナミが黄泉の国から戻り、海辺でみそぎをしたとき、ワタツミの神とともに、ソコツツミオヤノカミ・アカツツミオヤノカミ・イミツツミオヤノカミがなったとされる。訳者吉田八郎は、それぞれに底星御親之神・赤星御親之神・斎星御親之神をあてている。

上代には、昼を中心にした時間の言い方と、夜を中心にした時間の言い方があった。昼を中心にした時間の呼び方はアサ→ヒル→ユフであったのに対し、夜を中心にした時間の呼び方は、ユフベ→ヨヒ→ヨナカ→アカツキ

（古形アカトキ）→アシタであった。まだ夜が終っていないアカツキ・アカトキに輝く星の和名は、アカツツであった可能性もある。

「夕星」

「夕星」は『万葉集』中、前記の長歌のほか、歌一九六「夕星の　か行きかく行き」（柿本人麻呂作）や、歌二〇一〇「夕星も　通ふ天道を　何時までか」（作者未詳）などに見られる。長歌九〇四中、「夕星」は暁の「明星」と対になっているから、宵の明星を指したに違いない。読みは、ユフヅツとする説とユフツヅとする説とがある。

『大言海』(4)は、「夕ノ日ニ、ツヅキテ出ズル故ニ云フ。連濁(5)ニ因リテ、濁音ヲ転倒スル」としてユフヅツを取る。『萬葉集事典』(6)は、『和名抄』二十巻本の長庚の説明を引き、ユフヅツと読む。『和名抄』二十巻本には、「太白星一名長庚、暮見二於西方一、為二長庚一、此間云、由不豆豆」とある。「太白星」は金星の中国名であるが、夕暮れに西方に見える太白星の名を「長庚」とし、その読みを「由不豆豆」としている。

『時代別国語大辞典　上代編』(7)は、『和名抄』十巻本の「由布都々」をあげているが、考察として、室町時代の国語辞書『文明本節用集』「長庚ユフツヅ」、『伊京集』「大白星ユウツヅ」、『いろは字』「長庚ユフツヅ」、『日葡辞書』「ユウツヅ」などを例にあげ、ユフツツもしくはユフヅツの形を積極的に支える例は見当らないので、古くはユフツヅという形であったとみておく、とする。

ユフツツ・ユフヅツ　先に述べたように『ウエツフミ』では星がツツと呼ばれるが、星がツツと呼ばれたことは、他の面からも推測できる。

「小声でぶつぶつ言う」の意味する古語は「つつやき」「つつめき」であるが、「つぶやき」「つぶめき」とも表現された。これらの語では、ツツとツブは交替できる。「つぶ」は小さい単位であるツブ（粒）を意味する。ツツはそれと交替できるのであるから、やはり「粒」の意であろう。「つつやき」は、近世になると「つづやき」とも言われるようになる。

また、古語「つつやみ」「つつくら」は、「まっくら」を意味する。「いと忍びて出で給ひぬ。つつやみにて、わらふわらふ道のあしきをよろぼひ（＝よろけ）おはするほどに」（『落窪物語』一　平安初期）、「虚空、つつ暗《くら》に成《なり》て、奇異に恐ろし気也」（『今昔物語』一〇・三六　平安末期）、などの用例がある。

ツツクラ・ツツヤミのツツの語源は、ツブとされる。粒が丸々としたものを意味するところから発展して、欠けたところがない意に由来して、ツツは「すっかり」を意味するとされる。[8] しかし、「いと忍びて出で給ひぬ。つつやみにて」「虚空、つつ暗に成て」などの例では、屋外の暗さ、それも夜空の暗さを意味している。ツツクラ・ツツヤミが屋内の暗さについて用いられる例を、私は寡聞にして知らない。ツツが比喩的な意味で「すっかり」を意味するようになる以前は、空の粒である星そのものを意味していたのではないだろうか。

「供養の日の寅の刻に、仏わたり給に、空つつやみになりくもりて、星も見えねば」（『古本説話集』四七　平安末期から鎌倉初期）の例では、「星も見えねば」と付け加えられている。ツツヤミのツツが、星の意味を失っているためであろう。『古本説話集』は、『落窪物語』や『今昔物語』に比べると、少し時代を下っている。時代を下るにつれ、元来のツツの意味は忘れられて、ツツヤミは一単語として「まっくら」を意味して用いられるようになったのではないだろうか。『伊呂波字類抄』（室町初期）は、「惣暗、ツヽクラナリ」とする。

平安時代には清音と濁音は書き分けなかったから、「由不豆々」「由布都々」がユフ（ウ）ツツ、ユフ（ウ）ヅツ、ユフ（ウ）ツヅのいずれであったのか、確かではない。しかし、「都」は「僧都」などに見られるように濁音で読まれることもあるが、万葉仮名では清音である。この点から見ると、ツツであったものが、連濁してユフ（ウ）ヅツと発音された可能性が大きいように思われる。

『和名抄』より少し時代を下るが、『枕草子』の二三九段に、「星はすばる。牽牛。明星。夕づつ。よばひ星、尾だになからましかば、まして」とある。「夕づつ」については、諸伝本に違いが見られる。「夕づつ」（三条西家本・十行古活字本・高野本）、「夕つつ」（富岡本）、「ゆふつつ」（十二行古活字本）などである。[9] しかし、語の後半はヅツもしくはツツで、ツヅと読む伝本はない。

狩谷棭斎（一七七五―一八三五）が『和名抄』二十巻本の寛文七年版（一六六七）に、自らの研究を書入れた『斎書書入倭名類聚鈔』という書がある。[10] 書入れには、寛文七年版の訓読の訂正、『和名抄』の内容に関連する文献の引用、その他の注記がある。引用された文献には和書が多く、仮名書きの歌集や物語などの多いのが特徴である。辞書類には、新撰字鏡、類聚名義抄、字鏡、以呂波字類抄など、平安から鎌倉初期のものを参照している。「長庚」の項には、ユフツヽと仮名がふられており、欄外に『枕草子』『為忠百首』を引いて、「夕ツヽ」を支持している。

ユフツヅ　ユフツヅをとる『時代別国語大辞典』があげる例は、いずれも時代を下っているが、『文明本節用集』、『伊京集』、『いろは字』、『日葡辞書』などにユフ（ウ）ツヅと記されているからには、その呼び方もあったに違いない。「粒」は、いまでも讃岐・伊予・壱岐の方言でツズ、伊予・土佐・壱岐ではツヅと発音されている。[11] 地方によっては、星粒を意味してツヅ、もしくはツズが用いられたと思われる。

いつだったか新聞の読者欄で、ある家族が子どもをつれて山へキャンプにいったときの話を読んだ。夜になって子どもが星空を指さして「あのツブツブは、なぁに」とたずねたので、お母さんは自分たちがどれほど自然から遠く生きているかに気づかせられた、という趣旨であった。「星」という語がまだなかった時代、人々はこの子どものように、星を空の粒とよんだのではないだろうか。今も私たちは「星粒」という表現を使う。

私たちは夕方の金星を宵の明星と呼ぶが、ヨイとユフ（ウ）とは同義ではない。ヨヒは、ヨナカからアカトキへとつづく、暗い時間の始まりであるのに対し、ユフは、アサ↓ヒル↓ユフへとつづく、明るい時間の最後である。宵になる前の、まだ明るい夕方であるユフに見える星は、一番星の金星である。

アカホシ・ユフツツは、今日のように明りがたやすく手に入らず、明るさ、暗さが何よりもの関心事であった時代に生れた語彙であろう。明るさを基準にした時の区分から生れたこれらの名称は、金星の現れる時を的確にとらえている。

カワタレボシ・タレドキボシ

「タソガレ（＋トキ）」という表現を私たちは使うが、これに対応する語は「カハタレトキ」であった。「タソガレ（＋トキ）」は「誰《た》そ、彼《か》は」といぶかる時刻の意味に由来して、薄暗くなって人の顔が見分けにくい夕暮れ時を指す。それに対して、カハタレトキは「彼《か》は誰《たれ》」とたずねる時分を意味した。夜がようやく白む頃、薄暗くて人の顔もおぼろにしか見えなくて、「あれは、誰」といぶかしむ時刻である。万葉歌四三八四「暁《あかとき》の　かはたれどきに　島陰《しまかぎ》を　漕ぎにし船の　たづき知らずも」に見られるように、カハタレドキはアカトキと同義語である。

カハタレドキに出る星の意で、明け方に見える金星は、カワタレボシ・タレドキボシともよばれた。

暁の　たれとき星も　山の端に　まだ出でなくに　かへるせなかな　〈小町〉

たれときぼしとは明星を云ふなり（『秘蔵抄　中』一二三）

あかつきの　彼誰星も　山のはに　まだいでなくに　帰るせなかな　〈小野小町〉

（『六華和歌集』一〇四九）

二首ともに小野小町作であるから、平安前期にはこのような呼び名があったことがわかる。しかし、『秘蔵抄』には「たれときぼし」に注が付されているから、この書が成立した南北朝時代前後には、一般に用いられなくなっていたのだろう。

室町時代後期に編まれたとされる歌語辞書の『藻塩草』（一・星）には、「皮誰星とは暁を云くらきをかはたれ時といへばとく出星也」とある。この時代になると、「カワタレボシ」は歌語になっている。

二　歴史書に見る金星

『日本書紀』に、推古十年（六〇二）に百済の僧観勒《かんろく》が暦本と天文・地理の書、それに遁甲・方術の書を奉ったとある。このとき三、四人の書生が選ばれ、観勒について学ばせられた。観勒が伝えた天文の書とは、何であったのだろうか。

歴代の正史で天文を取り上げたのは、『史記』「天官書」が最初とされる。司馬遷（前一四五頃―前八六頃）によって著された書であるが、二十八宿と七十あまりの星座をのせている。(12) 太陽、月、惑星、流星、彗星、雲気の一般的記載と、それらの占星術的意味を述べている。組織的な占星術を取り上げた最初の書である。ここでは朝夕両方の金星を指して、おもに「太白《たいはく》」を用いるが、「金星」とも呼ぶ。[13] その他の名として、殷星・宮星・明星・終星・序星などの名をあげている。[14]

『史記』「天官書」を受けて、『漢書』「天文志」が記され、これにつづいて『後漢書』「天文志」が記された。これらは「天官書」の文章を受けついでいるが、これと並んで、当時の天体観測とそれに対する占星術的見解を集めている。推古天皇に献上された書としては、これらが可能性として考えられる。

六七二年に即位した天武天皇は、天文・遁甲にすぐれていたとされる。天武は天文・遁甲の知識をどこから得たのであろうか。推古朝に献上され、大王家で伝えられたであろう文書からか。しかし、天武の兄とされる天智天皇には、これらの知識があったようすがない。

天武を養育したのは、大海連《おおしあまのむらじ》であった。天武の皇子名・大海人《おおしあま》は、扶養氏族の名を取ったとされる。天武紀朱鳥元年九月条に、天皇が崩御したさい、大海宿禰蒭蒲《おおしあまのすくねあらかま》が壬生《みぶ》（皇子の養育）の事を誄《しのびごと》したとある。『姓氏録』右京神別下は、凡海連《おおしあまのむらじ》を海神綿積命《わたつみのみこと》の子孫、摂津国神別は綿積命《わたつみのみこと》の子孫とする。未定雑姓右京では、火明命の子孫とされる。火明命は、丹波の海部一族の祖先とされる。海神ワタツミの子孫とされ、また、海部と先祖の神を等しくするとされる大海連《おおしあまのむらじ》は、航海を司る一族であったであろう。天文の知識は、航海のため欠かせない。

『続紀』大宝元年（七〇一）三月十五日条によれば、麁鎌《あらかま》は金の採掘のため陸奥国に遣わされている。大海一族は航海術ばかりでなく、採鉱、冶金の知識や技術をもっていた。航海のための造船、そのための工具製作なども同族内で行ったためか。天武は幼少時代から育てられたこの一族から、天文や遁甲の知識を学んだのではなかろうか。

籠神社に伝えられる「海部氏勘注系図」は、一巻十枚からなるが、その紙背全面に天候卜占図が描かれている。雲形による占卜を図示説明したもので、軍陣武略に関するものである。各項目末尾には「口伝々々」とあり、一族が口伝で伝えたものとわかる。「海部氏勘注系図」の作成は江戸時代とされるが、背面の天候卜占図は、雲気の占星術的意味を記す『史記』「天官書」を想起させる。海部家は前漢時代の内行花文照明鏡と後漢時代の内行花文長宜子孫八葉鏡とを神宝として伝世しており、中国との交流を示唆する。中国本土の文化も到来していたであろう。

推古朝に百済から天文・地理の書、遁甲・方術の書などがおおやけに伝来したのは事実であろうが、それ以前から、大王家と並ぶ豪族たちが朝鮮半島や中国本土と交流をもち、その文化を吸収していたことは否めないであろう。天武はそのような豪族に育てられ、天文の知識を得たかと思われる。

六七五年に、天武天皇は占星台を建てている。天武が建てたとされる占星台は、現在残っていない。しかし、高松塚古墳とキトラ古墳の天井に描かれた星宿図がある。高松塚古墳天井の星宿図についてはすでに第I部第一章で述べたが、同じ明日香村のキトラ古墳の天井にも、星宿図が残されている。高松塚古墳のものより精密で、四つの天体運行線を描いており、世界最古の天体図とされる。同じ時期に造られた二つの古墳の壁画は、星に対する関心と高度な天文知識がこの時代にあった事実を示す。

しかし、『記』『紀』には星についての言及は数少なく、明星や太白の名は見られない。「太白」の名が日本の文献に初めてその名を現すのは、『続紀』養老六年（七二二）七月条である。

『続紀』は、文武天皇即位前紀（六九七）から、桓武天皇延暦十年（七九一）までの約百年間の記録である。この書中の太白についての記事は、十七回に及ぶ。他の惑星についてみると、熒惑《けいこく》＝火星が二度、辰星《しんせい》＝水星が一度、塡星《ちんせい》＝土星が二度、歳星《さいせい》＝木星が二度である。他の星と比べて、太白が異常に注目を浴びていることを示す。列記すると、次のようである。

1　（七〇二）大宝　二年十二月　六日　星、昼に現る。
2　（七二二）養老　六年　七月　十日　太白、昼に現る。
3　同月二十八日　太白、歳星を犯す。
4　（七二五）神亀　二年　六月二十二日　太白、昼に現る。
5　同年　十月二十九日　昼に太白と歳星の光芒の先端が相会う。
6　（七二六）神亀　三年十二月　十二日　太白が塡星《ちんせい》を犯す。
7　（七二八）神亀　五年　五月　二十日　太白、昼に現る。
8　同年　八月　四日　太白、天を渡る（＝太陽の東から西に移る）。
9　（七三〇）天平　二年　八月　七日　太白、大微《たいび》（＝しし座）の中に入る。
10　（七三三）天平　五年　六月　九日　太白、東井（＝ふたご座）の東方部に入る。
11　（七三五）天平　七年　八月　二日　太白と辰星《しんせい》、相犯す。
12　（七三六）天平　八年　十月二十七日　太白、月に入る。
13　（七四三）天平十五年　二月二十七日　月、太白を覆う。
14　（七七六）宝亀　七年　六月　四日　太白、昼に現る。
15　（七八一）天応　元年　六月二十四日　大《（ママ）》白、昼に現る。
16　同年　六月二十七日　大白、昼に現る。

17　（七八四）延暦　三年　九月二十七日　　大白、昼に現る。
18　（七八七）　　　六年　七月　　八日　　大白、昼に現る。

上例中、大宝二年十二月六日条には「星」とのみあるが、これは金星であったことが確認されている。[15]『続紀』が記す時代には、陰陽寮の天文官によって天文気象が観測され、異変が認められると、上司に報告された。陰陽師たちは占書によってこれを占い、占文を添えて天皇へ密奏した。占書の内容は、天子個人の命、または国家に危険に関連する極秘事項であったから、のちに国史が編さんされるに当っては、占文の部分は削除され、天文異変の事項だけが書き込まれて残っている。

『続紀』中の太白についての記事のうち、「昼見える」が十回（1、2、4、5、7、14、15、16、17、18）を占める。8は、同年五月に太陽の東にあって昼に見えた金星が、内合を経て太陽の西に移り、ふたたび昼見えるようになったことを意味している。[16]

これほどまでに注目を浴びている、太白が昼見える現象はどのようなときに起るのか、以下の図を用いて説明を加える。[17]金星は内惑星で、地球の軌道の内側を回っている。太陽と地球を結ぶ線上の内側に来るとき（①）を内合、太陽のうしろに回ったとき（②）を外合と呼ぶ。内合のとき、金星は太陽の前面を東から西へと通過するので、その前後の十数日は太陽光がまぶしくて、金星を肉眼で見ることはできない。内合から六―八日ほど経つと（⑥）、日の出前の東天に見えてくる。⑥から⑧の間は、明けの明星として輝く期間である。⑥のあと、金星は太陽から西に離れていき、内合から三十五日目くらいで西方最大光度に達する。金星はさらに西に移り、西方最大光度から三十五日目くらいで、太陽から最も西に離れて、西方最大離角（⑦）に達する。最大光度から最大離角の間は明るさが最大になり、注意すれば白昼でも見ることができるようになる。金星の最大光度はほぼマイ

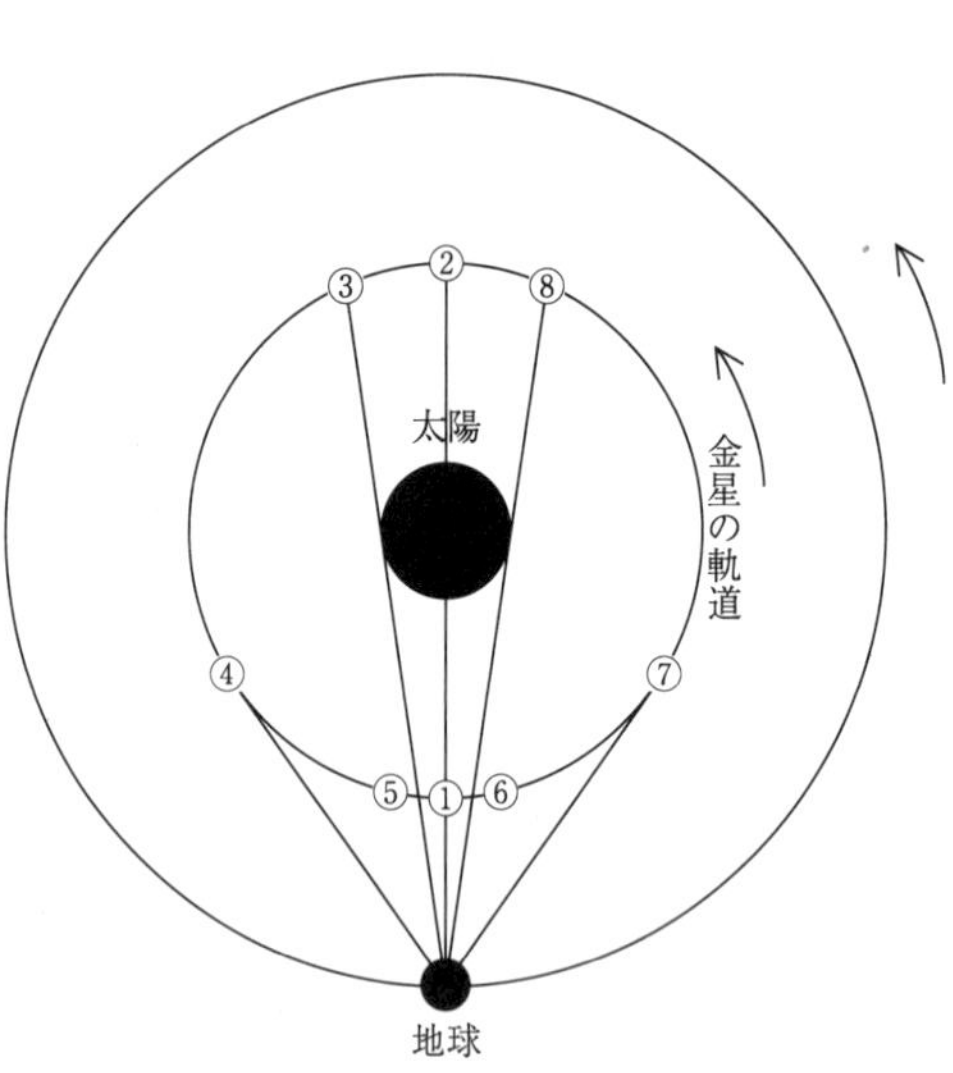

図　金星の１会合周期中の諸現象

ナス四・五等で、これは一等星の一六〇倍に近い明るさである。

西方最大離角をすぎると、金星は次第に太陽に近づき、外合の三十五日前の頃（⑧）に、日の出前の東天の薄明かりの中に姿を消す。外合の三十五日ほど後（③）、金星は夕方の西天に現れる。そして今度は東方最大離角（④）・最大光度をへて、内合の一週間ほど前に（⑤）姿を消す。内合・外合の前後に金星が肉眼で見えなくなることを、「伏」という。金星が内合からふたたび内合に戻るまでの周期は、五八四日である。

金星が白昼でも見えるのは、内合の七十日位前から三十五日位前までと、内合のあと、三十五日位から七十日位である。この現象は古代において凶兆とされた。『史記』「天官書」には、「（太白が）昼現れて天の真上をわたるのを、太陽と明を争うという。そのときはその下の小国は強くて、女王の運が盛んである」とある。[18] 大宝二年（七〇二）十二月六日、太白が昼現れたときには、文武天皇が在位中であるが、同年同月二十二日条に太政天皇（持統）が崩じたことが記されていて、太白の出現と太政天皇の死とが関連して捉えられていることを示す。

神亀五年（七二八）五月二十日に金星が日中に見えたときには、聖武天皇が在位中である。同年八月二十三日条には皇太子の病が記され、次に八月四日の日付で、「太白、天を渡る」とあって、金星がふたたび日中に見えたことが記されている。それに続くのは九月十三日条で、「皇太子薨しぬ」とあり、満一歳にみたない基《もとい》皇太子の死が記されている。八月二十三日条、八月四日条、九月十三日条という並び方で、皇太子の病気の記事とその死の記事の間に、八月四日の太白に関する記事が挟まれている。

『史記』「天官書」は、太白を「天帝の大臣」としている。[19] 太白が昼現れ天を渡るのは、大臣にあたる勢力者が天皇家と権勢を争う予兆として恐れられたことが考えられる。皇太子の薨した翌年の神亀六年（七二九）二月には、左大臣長屋王が国家を傾けようとしたとして、自死させられている。

『続紀』中の太白についての言及で、白昼見える以外の現象については、どうであろうか。『史記』「天官書」を参照して想定すると、次のようである。

＊上例3、6、9、10、11――「太白が他の星とその舎を犯し合うときは小戦があり、五星と犯し合うときは、大戦がある。」

＊上例3――「歳星が太白と衝突すると、その下の国は敗れる。」「木星が金星と合えば、その下の国は大喪もしくは水災がある。」

＊上例6――「土星が金星と合えば、その下の国は疾患があり、また敵兵が国内に入って土地を失うの禍となる」

＊上例9――「(太微の)帝座を犯す形を成す場合は、群臣が挙って相謀って上を犯すの象となる。金星と火星の場合が最も甚だしく禍害も大きい。」

＊上例11――「(辰星が)太白の光とすりあうほど近づくと、数万人の戦いがあり、主人や役人の死がある」

＊上例12――「太白が月の中に入って重なると、大将は誅戮される。」

＊上例13――「（月が）太白星を犯すと、その下の強国が闘って敗れる。」

日食月食も凶兆とされ、「これらの地に日月蝕があるときは、必ず占って吉凶をみるのである。日蝕があると国君のことに当り、月蝕があると将軍や宰相のことに当るものとする。」[20]とある。しかし日月食についての占文の数は、太白に関するものの比ではない。『史記』「天官書」は「太白は中国を主《つかさど》る」（太白主二中国一）とまで言い切っている。[21]これら中国の星占を、日本の陰陽寮が取り入れていたのは確かであろう。

三　恐れられた金星

古代中国や日本における金星に関する予言など、現代人から一笑に付されるかと思うが、アメリカ人の占星家で似たことを言う人がいる。アメリカ人ブルース・スコフィールド（Bruce Scofield）は、金星内合の頃から明けの明星として現れる頃にかけて起る事件に共通性があるとする。[22]飛行機事故、有名人の不評判、辞任、権力失墜などで、例として、金星が内合になった一九九八年一月十六日頃、クリントンとルインスキのスキャンダルが始まる、一九九九年八月二十日の内合の頃には、セルビア人がユーゴスラビア大統領ミロシェビッチの辞任を求める、当時大統領候補指名を受けていたジョージ・ブッシュがコカインを用いた疑惑が公表される、二〇〇一年三月二十九日の内合の頃には、ミロシェビッチが逮捕される、アメリカのスパイ機が中国に緊急着陸した、などをあげている。

ブルース・スコフィールドが注目しているのは、内合から明けの明星として現れる頃である。『続紀』の太白についての言及は、「昼現る」が多数を占める。太白が白昼に見える現象は、内合の前後に起る。なぜ金星の内合は危険視されるのだろうか。

金星は地球に最も近い、内惑星である。外合・内合のときには、金星・太陽・地球が同一線上に並び、地球に及ぼす引力が大きくなる。とくに金星が太陽と地球の間に回りこむ内合のときは、金星が地球に最も近づいているので、地球に及ぼす引力は最大になる。起潮力や地殻に与える影響も増大する。

月が地球に与える影響が最大になるのは、太陽と地球を結ぶ線上に月が並ぶとき、すなわち新月（月齢0）と満月（月齢15）のときである。新月のときには、月は太陽と地球の間に位置し、満月のときには、太陽と地球を結ぶ線の延長線上に来る。新月から約二十九・五日たつと、ふたたび新月に戻る。月の引力は海水に働いて潮の干満を起すが、地球そのものも変形させている。変形は一日二回、地表面が二〇センチ上下する程度とされる。新月・満月のとき、その引力は最大となる。防災科学研究所は月の引力が地震発生の引き金になるという研究を、最近になって発表した。[23]

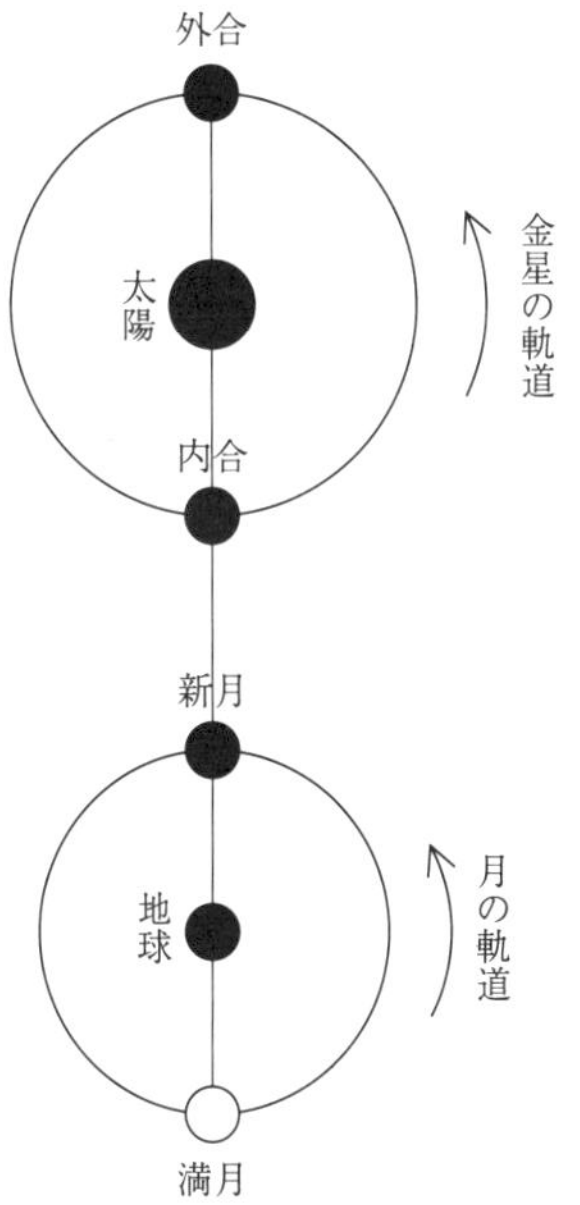

図　新月・満月時，および金星の内合・外合時の太陽・地球・月・金星の位置関係

金星の外合・内合に満月・新月時の引力が重なると、地球に及ぶ影響は増幅する。一九九五年の阪神淡路大震災は私たちの記憶に新しいが、その近くでも大きな地震が起っている。[24] 一九九四年十月の「北海道東北沖地震」と同年十二月の「三陸はるか沖地震」がそれで、いずれも新月に近い。これら二つの地震の間で金星は内合に達している。阪神淡路大震災の当日は満月で、金星は西方最大離角に近く、

光度はマイナス四・五等で、天候さえよければ白昼に見える明るさである。
一九九四年　十月　四日（月齢28）「北海道東北沖地震」、M（＝マグニチュード）8・2、津波は花咲で一七三センチメートル。
同年十一月　三日（月齢29）金星は内合となる。
同年十二月二十八日（月齢25）「三陸はるか沖地震」、M7・6、弱い津波。
翌年　一月　十七日（月齢16）阪神淡路大震災、M7・2。死者六四三二、不明三、傷四万以上、住家全半壊二十四万以上、住家全半焼六千以上、など。

関東大震災は一九二三年九月一日に起っているが、九月十日に金星は外合となり、月齢は満月である。その前年一九二二年十一月二十五日に金星は内合（月齢6）となり、十二月八日（月齢19）には千々石湾でM6・9と6・5の地震があった。被害は長崎県で死者二六、住家全壊四五九、非住家全壊四五九に及んでいる。


一八五四年（安政元年）の安政地震は、十二月十三日の金星の外合後に起っている。

十二月二十三日（月齢3）安政東海大地震、M8・4。被害は関東から近畿に及び、津波は房総から土佐までの沿岸を襲った。この地震による居宅の壊・焼失は約三万軒。死者は二千から三千と思われる。沿岸では著しい地殻変動が認められた。

十二月二十四日（月齢4）安政南海地震、M8・4。被害は中部から九州に及ぶ。津波が大きく、波高は串本で十五メートル、久礼で十六メートルなど。死者数千。室戸・串本で約一メートル隆起、甲浦・加太で約一メートル沈下した。

十二月二十六日（月齢6）伊予西部・豊後、M7・3－7・5。

翌一八五五年十月一日金星は内合（月齢20）となるが、その前後にも一連の地震が起っている。

九月　十三日（月齢2）陸前、M7・3。

十月　一日（月齢20）金星は内合

十一月　七日（月齢27）遠州灘、M7―7・5。前年の東海地震の最大余震。掛塚・下前野・袋井・掛川辺がひどく、ほとんど全滅。死者があった。津波があった。

十一月　十一日（月齢2）江戸、および附近。「江戸地震」。下町でとくに被害が大きかった。地震後、三十余ヵ所から出火。江戸町方の被害は、潰れ焼失一万四千余、死者四千余。

これらの大地震は、いずれも金星の内合・外合に新月・満月が重なる時の近くで起っている。金星はおよそ十ヵ月ほどで外合もしくは内合となり、新月・満月はそれぞれ二十九・五日毎に起るから、外合・内合と新月・満月が重なるのは、さほど珍しくない。それらが重なっても、必ずしも大地震が起るわけではない。年月を経てプレートに蓄積されたエネルギーの状態や、木星のように大きな引力をもつ惑星の位置関係なども関係して、震災が引き起されると考えられる。

金星の内合・外合や月の満ち欠けが、地震や津波と関係するらしいことを、古代の人たちは長い年月の体験の積み重ねから知ったであろう。また、その影響が物理的ばかりではなく、人間の身体にも心理にも及ぶ可能性を知っていたのではないか。星占いは、吉兆の場合もあっただろうが、多くの場合は凶兆を読み取り、危機を前もって避けようとしたものであろう。その際、白昼見える金星はとらえやすい目安であった。外合のときは、前後七十日間ほど伏になって見えない。伏に入っていなくとも、天候で見えないこともあるだろうから、外合そのものの日付は予知しにくい。それに比べると、内合の前後に金星が見えなくなるのは二週間ほどであるから、内合は外合よりは予知しやすい。金星が白昼に見えれば、それは内合が近いことを意味した。『続紀』中の「太白、昼見ゆ」のうち、1、3、14、15、16は内合後、6、13、17は内合前である。(25)

四　敬われた金星

航海と漁業における金星

古代の人々の目に映った金星は、恐ろしい災害を予知する星であったと思われる。しかし、そればかりではなかったであろう。万葉長歌九〇四には、「白玉の　吾が子古日は　明星の　開くる朝は　しきたへの　床の辺去らず　立てれども　居れども　共に戯れ　夕星の　夕になれば　いざ寝よ……」とあり、明星・夕星は人々の生活の近くにあり、親しまれたようすである。

金星の方言名を表にして巻末にのせたが、そのなかに漁労に関係するものが多い。数例をあげると、「いかぼし——明星の輝くころにいかがつれる」「かつおぼし——これが光り始める頃、鰹がかかる」「たいつりぼし（鯛釣り星）——これが光り始める頃、鯛がかかる」「ななくらぼし——海浜地方で魚網を七くら曳いた時分にこの星が隠れる」などがある。金星が漁業の目安とされた証である。古代においても、同様であっただろう。

金星は内惑星なので、いつも太陽の近くに見える。夜半の夜空に輝くことはないが、明けの明星としては、朝方、太陽の昇る前から東の空に輝く。宵の明星としては、夕暮れの西空に一番に現れ、太陽が沈んだ後もしばらく夜空に輝く。月が見えなくなる新月にも、金星は輝く。また、他の星が曇り空で隠れていても、金星の光度は高いので見えることが多い。時計や六分儀やコンパスのなかった時代、海では金星は方角を定める貴重な目安であっただろう。

星を目安にしていた宮城県阿武隈川河口の村の老漁夫の言葉を、星の研究家野尻抱影は『星座遍歴』に記録している。[26]「明け方の出船はアケノミョージン（明けの明星）を見るが、時にはヨナカノミョージン（木星）、ヨイノミョージン（宵の明星）もある。」マオリ人たちも、「ラロトンガ島からニュージーランドへ走るには、二月の入り日と月、または金星を船の左に見て針路をつづけよ」と言い伝えるそうである。[27]遊星であった金星は、農耕のための季節の目安にはされなかったようであるが、海人たちに豊漁や方角を指し示す星であったと考えられる。

金星ばかりでなく、月も海人たちにとって大切な目安であった。月は、あるとき見えなくなり、それから少しずつ満ちてゆき、しばらくすると満月になる。その後、月は欠けはじめ、ふたたびまったく見えなくなる。見えなくなった月を新月とよび、その日を月の初めの日と定め、朔《さく》とよんだ。観測をとおして、新月から新月までの間が約二十九日もしくは三十日あると知り、これを太陰暦の一ヵ月と定めたのであろう。新月から新月までの中間で満月になることも、観測によって知ったであろう。

新月と満月のとき、潮の干満の差は最大となり、大潮となる。大潮の満潮時の海面の高さと干潮時のそれとの差は、瀬戸内の神戸でも一メートル半を越え、長崎では三メートル近くに及ぶ。釣り人によると、満ち潮が引き潮に変る直前で、魚がよく釣れるそうである。しかし、満月のときは月の光が強烈で魚がとれないそうで、長崎県外海地方では、満月前後は月夜間と呼ばれ、漁民は漁を休むと聞く。新月・満月の予測は、航海や漁労のために不可欠であった。

潮の満ち干が、現在も海運や漁業に関係するようすを、月を目安に取り入れた旧暦を使っている人々の話を収録した本から抜粋する。

海運業に従事する人の話(28)

貨物船で全国の港に荷物を運んでいますので、潮の満ち干は重要事項です。港によっては水深が浅いところもあり、満船して入ると船底がつかえたり、空船で入ったときには満潮であれば岸壁から高くなって荷の積み込みができないとか、あるいは、われわれの言葉で「船が坐る」というのですが、大潮の干潮時にちょうど満船すると、船底が海の底に接触するとか、そういうことがあるんですよ。ですから、潮は、港によっては綿密にチェックしなければいけません。

大潮は新月一日、満月十五日の前後ですから、旧暦を見れば、一週間先の潮でも、半年先の潮でも、何も考えずに前もってわかります。(中略)

私自身が船に乗るわけではないのですが、船は二十四時間走りますから、例えば闇夜であれば、今日は走りにくいだろうなとか、月夜であれば眺めがよかろうとか、そういうことは考えます。新月の夜は月がでていない真っ暗な闇夜で、潮流も激しくなります。

趣味が釣りの人の話(29)

旧暦では一日の新月、十五日の満月、この二つが大潮の日。よく釣れるのは、大潮の日です。大潮ちゅうても、新月と満月の大潮では、釣れる魚の種類が違います。釣り歴十五年、チヌ(黒鯛)釣り十年のなかで、僕の場合、チヌは新月のほうが多いんですよ。

古代においても、潮の満ち干の予測は航海や漁業に欠かせなかったであろう。どの家庭にも暦がある現代とは異なり、古代においては、海人でない人々にとっても、月は日々の移り行きをはかる、かけがえのない確かな暦であったに違いない。

金星・月・太陽

金星の明るさは、月に次ぐ。しかし、金星は月が見えない新月の日にも輝く。翌日には、月齢一のか細い月が辛うじて姿を見せる。その後、月は日を追って成長していく。このような現象は、見方によっては、金星のほうが月より力強く映る。

先に引用した万葉長歌に「明星の　開《あ》くる朝《あした》」とあった。「開くる」は「開《あ》け・明《あ》け」の連体形である。「開《あ》け・明《あ》け」は、明るくなる・ものを明るみに出すことを意味する。「明星の」の「の」は格助詞で、主格をあらわす。「明星の開くる朝」は、「明星が明るみに出す朝」を意味する。明けの明星は、太陽が昇る前から輝く。太陽は、まるで明星に従うかのように、その後から昇ってくる。古代の人々は、文字通り、明星が朝をもたらし、太陽を昇らせると考えたのではないか。宵の明星は、太陽が沈んだ後の夕空に、他の星が見え始める前から輝く。太陽や月や他の星にもまして、力強く見えたであろう。

「明星」と「夕星」が同じ星であることを古代の人々が知っていたようすは、万葉歌から推察された。彼らは、「明星」が九ヵ月ほど輝いた後、しばらく見えなくなり、その後「夕星」として現れ、「夕星」も九ヵ月ほど輝いた後、また見えなくなるが、ふたたび「明星」として現れることを、経験から知っていたであろう。明るさからいえば、金星は太陽と月に次ぐ。しかし、この星の寿命は、「明星」「夕星」を通じると五八四日であった。

一日で盛衰をくり返す太陽に比べ、月の寿命はその三十倍近くである。金星の寿命は月よりさらに長く、その二十倍近くになる。長寿は命の豊かさの現れと考えられたであろうから、金星は太陽や月よりも豊かな命をもつ天体として敬われたのではないか。

月が地球の衛星であり、地球と金星が太陽の惑星であることを、私たちは知識としてもっている。しかし、各々がつながりをもって運行することを、体験として知らないのではないか。筆者の無知を基準にして推測するのは当らないかもしれないが、太陽は日中に見え、月は夜に見える。明けの明星は明け方に、宵の明星は夕方に、それも同じ日に見える、と私は長いあいだ思い込んでいた。

しかし、古代の人々はそうでなかったであろう。生活となりわいの指標として、日夜、天体を眺めたであろう彼らは、天体の運行を体験的に熟知していたと思われる。彼らはとくに金星・月・太陽に注意を払ったであろうが、この三天体が大空で一セットのように見える現象があることを知っていたであろう。明けの明星の期間と、宵の明星の期間とのそれぞれについて見ると、次のような現象が観測される。

明けの明星の期間

新月の数日前、太陽が昇る時刻の東空には、月が最上位に、その下方に金星、さらにその下方に太陽が見える。

新月の一日か二日前になると、月は太陽により近づく。そのため、明け方の同時刻には、金星を最上位にして、その下に細い月が並び、太陽は最後に昇る。(30)

新月当日、月は見えない。太陽が昇る前の明け方の東空には、金星のみが輝いている。

新月の一日か二日後、眉のように細い月が、夕方の西空に見える。金星は夕空には見えない。

新月前日の明け方，東空の金星と月

宵の明星の期間

新月の一日か二日前、明け方の東空に、細い月が見える。
　金星は明け方には姿を見せない。夕方、西空に現れる。

新月当日、月は見えない。夕空には、金星のみが輝く。

新月の一日か二日後、西空で太陽が沈む頃、金星が上位に、その下に細い月が並ぶ[31]。

新月の数日後には、西空で太陽が沈む頃、月は金星の上に位置する。

明けの明星が月・太陽に先駆けて昇る日の直後から、太陰暦の新しい一ヵ月が始まる。新月直後の宵の明星は、太陽と月が沈んだ後に姿を消す。月が生まれ変る新月の直前から直後に、月や太陽の上位に位置する金星は、月や太陽をもたらすもの＝親とも思われたのではなかろうか。

神楽歌の十、十一世紀の写本に、「安《あ》加《か》保《ほ》乃《し》は　明星はくはや　ここなりや」とあると先に記した。神楽は宮廷のほかに貴族の祭や諸社の祭にも行われ、各地方で歌われた

新月翌々日の日没後，西空の金星と月

歌謡とつながりがあった。「神楽」の読みがカグラと定まる前は、「かみあそび」という名が用いられていたようである。神遊びとは、神事における歌舞音楽を意味した。人と神がともに飲み、ともに楽しむうたげの歌や舞であった。

神楽は明星の現れる夕暮れに始まり、明け方に終る。明け方の「星の段」は、明星の歌で始まる。「明星」の歌に続いて、神を送る歌が歌われ、そして神は祭の庭を引き上げる。明星が現れると、神は人々のあいだを去って天に戻ると考えられていた。明星は神の現れと信じられたのであろう。金星が、古代の人々の信仰とつながっていたことが、神楽歌から推測できる。

金星の主なる方言名の表を、巻末にのせた。その中で、「明神」「宵の明神」、およびその同義語・類義語・派生語が多いことに気づかされる。これらの方言名が、いつ頃から使われるようになったかわからないが、全国に残るこれらの名は、人々が明星に人間をこえるものを感じとっていた信仰の名残であろう。

五　金星崇拝の衰微

上記の『続紀』の金星についての言及リストを見ると、大宝二年（七〇二）十二月六日条には「星昼見」とあり、太白の名は用いられていない。当時は太白という中国名で呼ばれなかったのであろうか。それとも、星中の星として、名前が用いられなかったのか。次の言及は養老六年（七二二）七月条で、「太白昼見」とある。「星」とのみ呼ばれていたものが、養老六年以降、「太白」と称されるようになったことは、その星が数多くの星の一つにすぎなくなったためであろう。その変化のきっかけとしては七二〇年の『日本書紀』成立が考えられる。

『続紀』養老六年条以降、宝亀七年（七七六）条までは、「太白」と記される。しかし、天応元年六月（七八一）以降の記事では、「大白」になっている。これらはすべて奏上された占文の天体現象部分の記録であるから、原文をそのまま写したと考えてよいであろう。大差ないようであるが、「太白」に比べ「大白」は格落ちの印象を与える。少なくとも、太陽、太陰（＝月）と並び称されなくなったのであろう。その変化のきっかけは、天応元年四月の桓武天皇即位が、可能性として考えられる。

第二章　『壱岐香椎聖母宮縁起』に見る聖母崇拝

その一　壱岐聖母宮の例

長崎県壱岐市北端の勝本浦に面して、聖母《しょうも》宮《ぐう》という神社が祭られている。社格は式内社ではなく、村社である。門前の立札によれば、祭神は息長足姫尊（神功皇后）・足仲彦尊（仲哀天皇）・譽田別尊（応神天皇）・住吉大神である。

同神社には、暦応元年（一三三八）の年紀をもつ『壱岐香椎聖母宮縁起』[1]（以下『聖母宮縁起』）という文書が所蔵されている。同文書によると、祭日は八月十四日である。また、住吉大神が明星として姿を現したことが記されている。キリスト教では、イエスの母マリアを聖母とよび、八月十五日を聖母被昇天祭として祝う。キリスト教の聖母も「海の星」と呼ばれ、明けの明星にたとえられる。壱岐で祭られる住吉大神は、マリアと同じ称号をもち、祝日を同じくし、明

星にたとえられている。

ここまで見てきたように、『丹後国風土記』浦島伝の神女に擬されているのは豊受大神、万葉歌浦島伝の神女に擬されているのは、住吉大社に祭られる住吉大神と考えられた。住吉大神と豊受大神とが、もとは同じ神であったと考えられることは、第I部第三章で述べたところである。壱岐聖母宮が祭る住吉大神と摂津国住吉大社が祭る神とは、どのような関係があるのだろうか。また、いつ頃から祭られるようになったのであろうか。

一　縁起の成立年代

縁起の内容は神功皇后の朝鮮出兵についての記述が中心を占め、大部分が『日本書紀』と共通する。しかし、『紀』には記されない独自の部分があり、一族の歴史を祖神までさかのぼる記述と、亀甲図型の神領図を含んでいる。『紀』を借用し、必要に応じて書きかえ、削除、加筆がなされたのかというと、そうでもなさそうである。例えば、冒頭部分に「治二天下一」という表現が見られるが、これは大宝令（七〇一年）以前に用いられた表現で、それ以後は「御宇」が使われるから、『紀』以前の資料を含む可能性がある。[2] 他方、「安倍高麿・同助麿」が「安部高丸・助丸」とも表記されているが、「丸」は室町時代に「麿」から転じた語であるから、室町時代の手が入っている事実を示す。

縁起の末尾に、数百年を経てまさに朽ち果てようとしていた書を繕写したと記されており、暦応元年（一三三八）の年紀と、「壱州諸社長官　惣大宮司兼惣神主惣撿挍　吉野兵部丞伊岐末茂」の署名がある。「吉野」は聖母神社の宮司を世襲している一族の名で、伊岐、もしくは卜部と呼ばれた。後醍醐天皇のときに南朝に味方し、その功によって吉野の姓を与えられたとされる。(3) 後醍醐天皇が吉野に脱出し、南北朝の対立が始まったのは一三三六年で、一三三九年に天皇は崩じている。暦応元年は、この間にあたる。一族に好意的であった天皇の在位中に、吉野家が自らの歴史を伝える文書を再生させたと考えられる。歴史的背景からみて、この文書の「繕写」は奥書にある通り、一三三八年としてよいであろう。

「数百年を経てまさに朽ち果てかけていた書」についてはどうであろうか。繕写の数百年前にすでに成立していた文書が存在したのであろうか。『聖母宮縁起』は奇妙な構成をしている。天地の創造に始まり、仲哀天皇、神功皇后、欽明帝、敏達帝、推古帝、天智帝、桓武帝延暦六年（七八七）まで年代を追う記述が続くが、そこから元正天皇養老四年（七二〇）へと年代が後戻りする。続いて養老四年条、養老五年条、天平宝字五年（七六一）条が記され、そのあと時代がとんで、文永十一年（一二七四）と弘安四年（一二八一）の蒙古襲来の記述となる。最後に神領図が描かれ、次に神位の与えられた年代が記されている。この部分は、文徳天皇仁寿元年（八五一）から後宇多帝建治元年（一二七五）まで、十一代の天皇にわたっている。

以下、冒頭から桓武帝までをA部分、元正天皇から縁起の終りまでをB部分、B部分に属しながら、年代的にはAに属す部分をbとする。縁起の内容を図式化すると、次のようになる。

A ｛天地創造 ← 桓武帝延暦六年（七八七）

B

b

元正天皇養老四年（七二〇）
←五年
天平宝字五年（七六一）
文永十一年（一二七四）
弘安四年（一二八一）
神領図
神位
奥書

このような構成は、A部分が先に成立し、B部分が後に書き加えられた可能性を思わせる。延暦十八年（七九九）十二月に、桓武天皇は氏族本系帳の提出を全国に命じている。そのなかには神社の祝や宮司の家柄も、当然含まれていたであろう。「本系帳」や「氏文」の提出は、神主や祝部の地位争いを防ぐ目的もあったであろうが、諸国の豪族にたいして大和政権の統制を強める効力をもった。縁起のA部分は、延暦十八年の勅命に従って作成された文書かと思われる。「治㆓天下㆒」という表現は、それ以前にすでに文字化されていた資料が存在したことを示唆するが、朝廷に提出された文書として成立したのは、延暦十八年（七九九）であろう。

以上の推定が正しければ、

A部分——延暦十八年（七九九）第一次編さん

B部分——暦応元年（一三三八）第二次編さん

となる。b部分は、年代としてはA部分に属すが、第二次編さん時の加筆と思われる。第一次編さん時に含まれなかった部分が書き加えられたのであろう。時代を後戻りしてまで加筆されているのは、第二次編さん者がぜひとも書き残したかったためと考えられる。

第二次編さんのさいには、A部分にも改訂の手が加えられたと思われる。A部分上欄に「ここに書入れを忌む（書入忌此處）」と記されており、他の個所で書入れがなされたことを思わせる。いずれの編さん時にも、一族の主張を有利にし、朝廷に認められるため、意識・無意識の書きかえがなされた可能性がある。そうとしても、当時としての真実性があるわけで、そこから史実を導き出すことは可能であろう。

二　「聖母宮」の意味内容三種類

縁起の外題は『壱岐国香椎宮御縁起』で、内題に『壱岐香椎聖母宮縁起』とある。「聖母宮」の名称は、内題名のほかに以下の六例がある。

① 冒頭に、「壱岐国壱岐郡可須郷香椎村風本浦香椎聖母宮とは、天地が始まる最初に、天地の中になりし神である。号して国常立尊《くにとこたちのみこと》という[4]」と記されている。ここでは「聖母宮」は、原初の神の名とされる。「号して」とあって、表向きの名を「国常立尊」とする。

② 出兵の途で神功皇后が風神に祈ると、東風が起った。その風神を祭った東風社は、聖母宮の末社であるとする。ここでは、「聖母宮」は神社名として使われている。

③ 凱旋の途で、皇后はしばらくのあいだ風本（勝本）に行宮をおいた。風本香椎聖母宮をその旧跡とする。

ここでも「聖母宮」は神社名である。

④ 皇后在位六十九年条に、「聖帝をお生みになったによって、たたえて聖母宮という(5)」とあって、ここでは「聖母宮」は神功皇后の称号である。

⑤ この少し後の個所で、「聖母宮」が祭るところの神三座として、かっこ付きで「譽田尊・神功皇后□□仲哀足彦尊也」(□＝脱字)をあげている。ここでは「聖母宮」は神社を意味する。

⑥ 後宇多帝条に続く定祭についての項に、八月八日「聖母宮神輿《みこし》が幸本浦一瀬に行き、十七日假殿に安置する」とある。ここでは「聖母宮」が、祭神と神社のいずれを意味するのか、はっきりしない。

⑥はB部分に属す。A部分に属する用例①から⑤までのうち、①は原初の神、④は神功皇后を意味する。残りの②③⑤では、神社を意味して使われている。このように同じ語が異なる意味に使われるのは、書き手および書かれた年代が異なるためと考えられる。

(1) 原初の神

b部分の養老五年条(七二一)の大意は、次のようである。

八月十四日、にわかに大風が吹き、異賊の船を破損させた。彼らの霊を救うために放生会をおこなった。このときから、諸社が放生を始めた。毎年八月十四日に必ず強い北風が起るので、聖母祭を定め、聖母北風と言い習わし、この霊験を仰ぎたてまつる。

縁起では、「聖母祭」「聖母北風」の名は神功皇后と関係しない。風を起して彼らを外敵から守るのは、原初の神であろう。養老五年(七二一)の時点で、「聖母」は原初の神の名で、神功皇后ではない。

「聖母宮」を原初の神とする用例①は、原資料の神観と考えてよいであろう。冒頭の語句には「号して」とあって、表向きの名を「国常立尊」とする。「国常立尊」は、『日本書紀』正文によれば原初の神の名である。『日本書紀』が成った（七二〇年）後に成立した『聖母宮縁起』は、『紀』の用語を用いて、聖母が原初の神であると述べるのであろう。

(2)　神　社

b部分には、天平宝字五年（七六一）に筑前国の香椎宮・箱崎宮、長門国の豊浦宮、壱岐の香椎宮・箱崎宮の五社が鎮西のために立てられたと記されている。この時点では「壱岐嶋壱岐縣可須郷香椎宮」で、「聖母宮」ではない。神社名としての「聖母宮」は、七六二年以降に付けられたことになる。「譽田尊・神功皇后□□仲哀足彦尊」を祭る神社名「聖母宮」の成立が七六二年以降とすると、譽田尊とよばれる応神天皇と神功皇后が祭られるようになったのも、それ以降であろう。

聖母宮が神功皇后を祭るようになったのが七六二年以降という点については、別の面から傍証できる。「神功皇后」の称号は天平宝字年間（七五七―七六四）に淡海御船が選んだ漢風謚号で、『日本書紀』成立後、追記されたものである。この点から見ても、神功皇后を祭る聖母宮は七五七年以前に存在したはずがない。

(3)　神功皇后

神功皇后を聖母宮とよび、原初の神と置き換えたのは、いつであろうか。縁起の皇后六十九年条に、「御年百歳、聖帝をお生みになったによって、称えて聖母宮という」とある。聖母宮から生れたから聖帝なのではなく、聖帝を生んだから聖母宮とされる。そうであれば、神功皇后が聖母宮として神格を得たのは、皇后の子とされる応神天皇の神格が認められたときか、またはその後でなくてはならない。

では、応神天皇の神格がみとめられたのは、いつか。縁起の延暦六年（七八七）八月三日条に、「異賊四十萬人が襲来し、それゆえ応神天皇と仁徳天皇を祭ったのが、いわゆる八幡宮と若宮である」とある。壱岐のどこかで応神天皇を祭るようになったというのであるから、それ以前は祭られていなかったことを意味する。応神天皇が八幡宮として新たに祭られるようになったのは、壱岐のどこであったのか。

『壱岐国神社誌』(6)によると、延暦七年（七八八）に鯨伏《いきふし》の本宮・箱崎・筒城の三八幡と印鑰《いんやく》・聖母が、壱岐嶋五社として勧請されている。「勧請された」とは、朝廷の命によって祭られるようになったという意味である。これら三八幡宮のうち、少なくとも一社が、すでに延暦六年に応神を祭っていたと思われる。

天平宝字五年（七六一）に、筑前国の香椎宮・箱崎宮、長門国の豊浦宮、壱岐の香椎宮・箱崎宮が鎮西五社に定められている。壱岐箱崎宮は香椎宮の東南数キロの地に位置する。鎮西五社となった結果、壱岐の箱崎宮と香椎宮とは神祇官のもとに置かれる。すでに延暦六年に応神を八幡神として祭っていたとすれば、天平宝字五年に官社となっていた箱崎宮であった可能性が大きい。

応神を祭る以前、壱岐箱崎宮はどのような神を祭ったのであろうか。『壱岐国続風土記』(7)巻之十八によれば、この神社の祭神は宇佐から移し祭られたのではなく、天平宝字三年（七五九）に筑前国箱崎で祭られるようになった大神および姫大神聖母大神と同躰である。

応神を八幡宮に祭ることは、宇佐で始まった。九州北辺の大神《おおが》氏は律令制権力に接近し、応神を八幡神として祭る官社八幡宮創立につとめ、和銅五年（七一二）、令制宇佐駅の近くに鷹居社を創祇させる。その後、東大寺建立に協力し、道鏡の野望をはばむのに一役買ったため、宇佐八幡は国家守護神の地位を確立し、即位・国難のさいの勅使差遣が定められた。桓武天皇は即位を報告した天応元年（七八一）に、八幡神に大菩薩の尊号を奉っている。『壱岐国続風土記』が記すとおり、箱崎宮の祭神が宇佐から移されたのではないとすれば、応神ではなかったことを意味する。

さらに『壱岐国続風土記』によれば、壱岐箱崎宮の社名は八幡大神海宮で、祭神として豊玉彦命・玉依姫命を中央に、その左右に応神天皇と神功皇后を祭る。(8) 豊玉彦命・玉依姫命は、『記』『紀』によれば海の神である。海神が祭られていた壱岐箱崎で、延暦六年（七八七）年、朝廷の命により応神が祭られるようになったのであろう。『壱岐国神社誌』は、延暦六年（七八七）に、筒城で八幡神を宇佐から移し祭ったとする。しかし、神幸のときに一の輿で玉依姫命を移し、離宮においても一の輿を中央にすえる社例から考えて、祭神はもとは海神であったであろうと、同神社誌は認めている。延暦六年にこの神社が神祇官のもとにあったか否かは定かではないが、壱岐嶋五社の勧請によって、延暦七年に応神を八幡神として祭るようになったのは確かと言えよう。

延暦七年には、八幡宮三社のほかに、聖母と印鑰が官社となっている。この時点で、壱岐香椎宮において神功皇后が聖母宮として祭られるようになったと推定される。

印鑰神は国府に国衙の守護神としておかれた。国衙の鍵が神格化されたとされる。石川県の印鑰神社が所蔵する、南北朝時代の印鑰明神像には、女神として描かれている。(9) 箱崎・筒城・聖母・印鑰のいずれもが、官社と定められた後も女神の色合いを残しているのである。

三　姫神聖母宮と彦神住吉大神の謎

『聖母宮縁起』の大部分は神功皇后の朝鮮出兵の物語であるが、そこで中心的役割を果たすのは住吉大神である。住吉大神と聖母との関係について、縁起は何も語らない。ただ、皇后が遠征前に神託を求めたときに現れた神々として、表筒男・中筒男・底筒男の名をあげている。「表筒男・中筒男・底筒男」を「日向国の橘の水戸の水底に居まして、水葉も稚《わかや》けく出でます神」とする部分は、『紀』と共通する。「表筒男・中筒男・底筒男」の名が記された行の紙面上部余白に、「是即住吉太神也」と加筆されている。縁起本文において、ツツノオ三神と住吉大神とが結びついていない。

壱岐聖母宮の縁起に記される住吉大神と、住吉大社に祭られる住吉大神とは、同じ神であろう。『紀』は、底筒男命・中筒男命・表筒男命を住吉大神とする。神名「住吉大神」の名を用いる縁起の成立は『紀』の成立後かというと、そうとは言い切れない。「治天下」の使用に見られるように、大宝令（七〇一年）以前の原資料があったと考えられる。

『紀』そのものの中に壱岐の祭祀についての記事が残されており、もともと壱岐で祭られたのは住吉大神でなかったことをうかがわせる。顕宗天皇三年条には、次のように記されている。

春二月一日に、阿《あ》閉臣《へのおみ》事代《ことしろ》は命令を受けて、任那に使者として立った。この時、月神が人に乗りうつり、「我が祖《みおや》高《たか》皇《み》産《むす》霊《ひ》は、あずかって天地を創造した功績がある。人民の地を我れ月神にたてまつれ。もし望みどおり私に献上すれば、慶福があるだろう」と仰せられた。事代はこのために京に戻ってくわしく奏上し、歌荒樔田《うたあらすた》を月神に奉納した。壱伎県主《いきのあがたぬし》の先祖押見宿禰《おしみのすくね》が祠に仕えた。

　夏四月五日に、日神が人に乗りうつり、阿閉臣事代に語って「磐余《いわれ》の田を我が祖高皇産霊にたてまつれ」と仰せられた。事代はすぐに奏上して、神の望みどおりに、田十四町を献上した。対馬の下県直《しもあがたのあたい》が祠に仕えた。


ここでは、壱岐の県主が月神、対馬の下県直が日神に仕えたとされ、月神と日神がタカミムスヒを「我が祖《みおや》」と呼んでいる。壱岐の県主にとっては、タカミムスヒが最高神であり、祖《みおや》の神とされている。

ミオヤの神

『記』における「ミオヤ」の用例を見ると、垂仁記では母王が御祖《みおや》と呼ばれている。仲哀記と応神記では、息《おき》長帯日売命《ながたらしひめのみこと》が御祖と呼ばれる。『記』では、ミオヤはすべて母を意味している。

『万葉集』でも、「親」は多くの場合、母親をさす。

　人の親の　娘子《をとめご》据えて　守山辺《もるやまへ》から　朝な朝な《あさなさな》　通ひし君が　来ねば悲しも（二三六〇）

妻問婚の時代、男性が母親とともに暮らす女性を訪れる。この句では、「親」は母親である。大伴家持作の歌四一六九には「親の御言」とあるが、題詞に尊母に贈る歌とあるから、「親」は母親を意味して用いられている。

月神と日神が「我が祖《みおや》」と呼ぶタカミムスヒは、母神であったのだろうか。

タカミムスヒ

タカミムスヒは、『記』では高御産巣日神と表記され、天地の初めに現れた三柱の神の一柱とされる。『紀』は高皇産霊尊と表記し、皇祖神であることを含ませるが、神代上第一段一書四では、国常立尊のあとになった神とされる。総体的に言って、『紀』は『記』に比べると、タカミムスヒを相対化し、格下げしている。

神代紀上第八段には、高皇産霊尊の言葉として「私が産んだ子は（吾所ㇾ産児）全部で千五百柱である」とある。イザナキのみそぎによって神がなった箇所では、「生む」（因以生ㇾ神）が用いられている。「生む」と「産む」は区別して用いられている。産む神である高皇産霊尊は、母神であろう。顕宗紀三年条で月神と日神の「我が祖《みおや》」とされるタカミムスヒは、母神と推定してよいであろう。壱岐の県主が最高神と崇めたのは、母神であった。

壱岐では、早くから母神を敬う信仰があったようである。西海岸側にのこる「母《ほう》ヶ浦」や「阿母ヶ滝」という地名も、「神」という概念が生れる以前からあった、大いなる母に対する信仰の名残と考えられる。

太陽と月の親星

顕宗紀三年条は、月神と日神がタカミムスヒを「我がミオヤ」と呼び、天地の創造にあずかった功績があるとする。天体である月と太陽の親であるなら、タカミムスヒも、もとは天体に擬せられていたのではなかろうか。月神、日神、タカミムスヒという三柱の神名のうち、月神と日神は素朴な名称で、古い伝承に属すると考えられる。それに比べ、高皇産霊は漢風表記で、時代を下った名前である。伝承史的に見るなら、タカミムスヒという名が生れる以前に、月神と日神のミオヤとされる天体を敬う信仰が存在したと思われる。古代人の目に、月神と日神との親神と映ったのは、どの天体であっただろうか。

前章でみたように、新月の直前、もしくは直後に、金星を最上位にして、月、その下に太陽が姿を見せる。このような金星は、太陽や月より偉大で、太陽や月を産む母神のように思われたのではないか。タカミムスヒの

『記』の表記は、高御産巣日神《たかみむすひのかみ》である。ムスは、もと「生む」の派生語ウムスであったという説がある。「日」は、字面からは太陽である。神名タカミムスヒは、太陽を生む母神とも解釈できる。

『聖母宮縁起』には、次のような記述がある。

十月十三日、皇后が城山《きのやま》に登り、大鈴を榊の枝につけて、十七日鈴を振って祈ると、七日にあたる日に空中に声があり、光が空に満ち、突然明星が前に現れ、仙人のような七十歳ほどの老人となる。若者ひとりを伴にしている。その容貌は雲から出る秋月のように端正であった。老人は住吉大神で、若者は月神であった。もうひとりの老人が現れたが、天照大神の皇女であった。これらの神々に励まされて、皇后は出発した。

ここでは住吉大神は明星として現れ、月神、および天照大神の皇女を伴っている。『記』『紀』が天照大神を皇祖神とするから、縁起は住吉大神が天照大神に先立つ形を避け、天照大神の皇女を伴うとするのであろう。金星・月・太陽が一組で現れる天体現象を背景にする、神のイメージと思われる。

『聖母宮縁起』は『紀』の成立後に書かれているから、月神と太陽神を伴って現れる住吉大神像は、顕宗紀三年条を知りつつ書かれたに違いない。縁起は『紀』の言葉を借りて、壱岐が祭る住吉大神とは、天地創造にあずかり、月や太陽より先に存在した原初の母神であると述べるのではないか。老人の姿をとっているが、天照大神の皇女も老人の姿で現れるとされており、住吉大神が母神であることと矛盾しない。神は両性具有とされるのであろう。

金星・月・太陽の一組の神は、古代人には金星ファミリーと映ったのではないか。「ツツノオ」の「ツツ」は、前章でのべたように、粒である「星」の意味でもありえた。住吉大社が三柱のツツノオを祭ることを受け入れた背後には、このような天体像が存在したためとも考えられる。

聖母を祭った人々

『魏志倭人伝』は壱岐について、「方三百里ばかり。竹木・叢林多く、三千ばかりの家あり。やや田地あり、田を耕すもなお食うに足らず、また南北に市糴《してき》す」と記している。(10)三世紀頃、米を買うために海を南北に航海した壱岐の人々は、海人であろう。

縁起のA部分では、神功皇后の朝鮮出兵に安倍高麿・同助麿が同行したとされる。朝鮮半島から凱旋後、助麿は権惣大宮司として壱岐にとどめ置かれたとあるが、ここでは「安部助麿」と表記されている。安部氏は安倍・安陪・阿部・阿倍とも表記される。「アベ」はもてなしの食事を意味する「あへ」に由来するかとされるが、他の可能性がある。『記』や『万葉集』では、「アマ」は阿麻・阿末・安麻・安末・海女・海子・海人・海夫・海部などと表記される。「安」が「海」とおなじ音価をもっている。つまり、「安部」は「海部」と書き換えることができるから、海部であったと思われる。(11)

助麿がどの神社の権惣大宮司であったかという問は、現代人がいだく疑問である。当時は一族の首長の奉じる神が、一族全員の神であった。「権惣大宮司」といった職名も後代のもので、壱岐島の統治者が同時に祭祀者であった。海部であったその統治者は、海の神を祭ったと考えられる。

先に引用したように、縁起の養老五年条には、八月十四日、にわかに吹いた大風によって滅んだ異賊らの魂を救うため、諸社に先駆けて放生会をおこなった、毎年八月十四日に必ず強い北風が起るので、聖母祭を定め、聖母北風といいならわした、とある。養老五年とは、『日本書紀』が成立した翌年である。その年に、壱岐は聖母祭日を守るようになっている。

朔から朔を一ヵ月とする旧暦では、十四日か十五日が満月にあたる。七二一年の旧暦の八月は季節としては仲秋である。台風が日本列島を通り抜けるのも、旧暦の八月に多い。「二百十日」は、立春から数えて二百十日目頃に台風がくることが多いのを称してつけられた名であるが、壱岐では「聖母北風」が秋に来る台風の名であったのだろう。聖母北風によって、彼らは敵から守られた。

聖母北風をもろに受ける壱岐北端は、オキナガタラシヒメが凱旋の途で行宮をおいたとされる地である。聖母宮境内には、馬蹄石（竜石）とよばれる石碑が立つ。神功皇后の足跡とその神馬の足跡と言い伝えられる[12]。オキナガタラシヒメ伝説の真偽はさておいても、朝鮮半島との交流がさかんであった時代、中継地対馬との最短距離にあるこの地が、統治者の寄港地であったのは確かであろう。その地で、統治者が奉じる神が祭られたのであろう。その神は「聖母」と呼ばれる、姫神であった。

聖母神社の宮司を世襲する一族の吉野家は、壱岐県主の祖押見宿禰《おしみのすくね》の子孫であろうが、『壱岐国続風土記』巻之二十一に記される吉野家系図は、天御中主尊《あめのみなかぬしのみこと》を始祖とし、高皇産霊尊を天御中主尊の七世とする。同風土記巻之四十五では、御中主・高皇産霊神・皇産霊の三神を一神とする。『壱岐国続風土記』に見られる吉野家の神統図は錯綜するが、彼らが祭るのは原初の神であるという主張は一貫している。

『姓氏録』右京神別上によれば、吉野家は天児屋命九世孫の雷大臣の子孫とされる。天児屋命は中臣氏の遠祖《とおつおや》である。壱岐の一族が卜部として中臣の配下に置かれた時、中臣氏の系統に結びつけられたものであろう。

顕宗紀三年条にあるように、月神に仕える壱岐の県主がタカミムスヒを祖《みおや》の神と崇めたとすると、壱岐一族はタカミムスヒ（と呼ばれるようになった神）を祖神としたと思われる。

『姓氏録』右京神別によると、伊與部《いよべ》氏は、天神の項では高媚牟須比命《たかみむすひのみこと》の子孫、天孫の項では火明命《ほあかりのみこと》の子孫とされる。『記』によれば、天火明命はタカミムスヒの娘万幡豊秋津師比売命《よろずはたとよあきつしひめのみこと》（『紀』神代下九段一書第八によれば、天万《あめよろづ》栲幡《たくはた》千幡姫《ちはたひめ》）とオシホミミとのあいだに生れた子である。(13) 伊與部氏をタカミムスヒの子孫でもあれば火明命の子孫でもあるとする『姓氏録』の記事は、『記』『紀』と一致する。

『記』

タカミムスヒ ―― アキツシヒメ
　　　　　　　　　＝
　　　　　　　　オシホミミ
　　　　　　　　　├ ホアカリ
　　　　　　　　　└ ニニギ ―― ホオリ ―― ウガヤフキアエズ ―― 神武

『姓氏録』

タカミムスヒ……………………………………イヨベ
　　　　ホアカリ……………………………イヨベ

壱岐一族の祖神がタカミムスヒであったとすると、『丹後国風土記』浦島伝を著した伊預部馬養《いよべのうまかい》と同族ということになる。さらに『姓氏録』が、やはりタカミムスヒの子孫とする大伴氏とも同族になる。また『姓氏録』は、津守氏を火明命の子孫とする。「海部氏系図」によれば、丹波の海部氏も火明命の子孫である。丹波の海部氏、津守氏、大伴氏、壱岐一族が同族であったことになる。

四　聖母崇拝の歴史

壱岐の聖母崇拝は、キリスト教のそれと二つの共通点をもつ。壱岐香椎宮の聖母祭は八月十四日、キリスト教の聖母被昇天祭は八月十五日に祝われる。聖母祭は旧暦の日付であり、聖母被昇天祭は新暦の日付であるが、同じく八月で、いずれも月半ばである。また、壱岐の聖母は、『聖母宮縁起』にあるように、明星として現れる。

他方、キリスト教の聖母も「海の星」と呼ばれ、明星にたとえられる。壱岐の聖母とキリスト教の聖母は、どこかに接点があるのだろうか。

キリスト教の聖母崇拝

バビロニアでは大慈母神イシュタルが金星とされたが、時代をくだると、月神とみなされるようになる。イシュタルはギリシア神話に取り入れられてアフロディテ、ローマ神話ではヴィーナスとなり、金星はその星とされる。時代を経ると、アフロディテは月神の明るい面、女神ヘカテがその暗い面とされた。[14] ヘカテはローマ神話では、ダイアナとよばれる。八月十三日は、ギリシアにおいてはヘカテ、ローマにおいてはダイアナの祝日であった。地中海地方において、八月中旬から九月中旬は、夏の果実、とくにブドウ、イチジク、ザクロの収穫のときであった。月神は実りをもたらす雨ばかりでなく、嵐・洪水・満ち潮を引き起すとされていたため、すでに実っている収穫を嵐でそこなわないように願って、収穫前に祭が行なわれたのであろう。月神の祭は、古くは満月の夜、すなわち太陰暦の月半ばであったと思われる。

ユリウス・カエサル（前一〇〇頃―前四四）は、ヴィーナスを先祖アエネアスの母として尊んだ。ウェルギリウス（前七〇―前一九）作『アエネイス』において、ヴィーナスは息子アエネアスを守るばかりでなく、来るべきローマ人すべてにも心をくばる慈悲深い女神として登場する。カエサルは、前四六年頃、それまでの太陽太陰暦にかわって太陽暦であるユリウス暦を導入している。

キリスト教は迫害時代の後、三一三年にローマで公認され、三八〇年にはローマ帝国の国教となっていた。三九五年にローマ帝国が東西に分離すると、教会も東西に分れた。三世紀の初め頃から、イエスの母マリアは東方教父たちによって「神の母」とよばれ、その称号はしだいに一般信徒のあいだでも使われるようになった。『黄金伝説』[15]によると、西方系の教父であったヒエロニムス（三四〇?—四二〇）が、聖母は八月十五日に天にあげられたと言っている。[16]明けの明星を意味する「海の星」が聖母マリアの称号として定着したのは、ヒエロニムスが「マリア」のヘブル語源「ミリアム」は stilla maris（海のしずく）の意であると書き、それを五世紀ごろの写本家が stella maris（海の星）と写した結果とされる。[17]ヒエロニムスは、地中海沿岸の慈母神信仰を積極的にキリスト教に取り入れたようすである。

八月十五日を聖マリアの祝日と定めたのは、東ローマ皇帝マウリキウス（位五八二—六二〇）であった。その最も古い記録は七世紀の『ヴュルツブルク福音朗読目録』で、それには「聖マリアのお誕生日」（天国への誕生日、つまり命日）となっている。[18]西ヨーロッパにおける聖マリア被昇天の伝承は、七、八世紀ごろに完成したようである。

キリスト教がザビエルによって日本に伝えられたのは、一五四九年のことである。その後刊行されたキリシタン文書『どちりなきりしたん』[19]（一六〇〇）ではイエスの母は「御はゝサンタマリヤ」、『ろざりよの観念』[20]（一六〇七）では「御母サンタマリヤ」「天の国母」とよばれるが、「聖母」の名は使われていない。

中国においてキリストの母マリアが聖母とよばれるようになるのは、明末清初のころとされる。一六五五年に建てられたキリスト教の『聖堂碑記』において、マリアは聖母と呼ばれている。[21]『聖母宮縁起』の成立は一三三八年であるから、壱岐の「聖母」の名は、一五四九年にザビエルによって日本に伝えられたキリスト教と関係がない。そうであれば、キリスト教との共通点は何に由来するのだろうか。

壱岐の「聖母」とキリスト教の接点として、二つの可能性が考えられる。一つは中国からの伝来である。

うが、天皇や宮人たちにも知られていた故事であったからに違いない。六〇〇年代末に西王母伝説が日本に伝わっていたのは確かと言えよう。

福永光司によると、[24]「聖母」という漢語が中国の思想文献で初見するのは、西暦三－四世紀の頃に成立が推定される『漢武帝内傳』においてである。「武帝、席ヲ下りて叩頭シテ曰ク……今日、道ヲ聞キテ、是ノ生命、聖母ニ会遇《めぐりあ》エリ」[25]とあって、漢語としての「聖母」が見えている。

条枝《シリア》ハ安息《パルチヤ》ノ西数千里ニ在リ、西海ニ臨ム。……安息ノ長老、条枝ニ弱水《よわみず》ト西王母有リト伝ェ聞クモ、而レドモ未ダ嘗テ見ズト。

福永氏は西王母についての右の記事を『史記』大宛列伝から引用して、次のように述べておられる。

条枝は現在のシリア地方、西海はおそらく地中海であろう。そしてネストリウス派キリスト教の開祖とされるネストリウスが、キリスト教のコンスタンティノープル大主教となったのは、西暦四二八年、またシリアのネストリウス支持者たちが正統教会から分離したのは、四三一年のエフェソス公会議の結果であるから、漢の武帝の僊女・西王母信仰は、シリア地方をそのルーツとしてネストリウス派キリスト教とある種の宗教思想史的な関連性をもつという見方も十分に可能である。

福永説を考慮に入れると、壱岐に伝わっていたのは、ネストリウス派キリスト教と接触をもった西王母信仰であったことが、可能性の一つとして考えられる。

しかし、壱岐の聖母崇拝は、中国の西王母崇拝とのつながりだけで説明できない部分が残る。というのは、壱岐の聖母は明星のイメージをもつが、西王母と金星とのつながりははっきりしない。[26]また、聖母宮の祭日は八月十四日であるが、西王母と八月十四日との結びつきがない。

壱岐の聖母崇拝とキリスト教の聖母崇拝の接点として、もう一つの可能性がある。

新羅からの伝来

由水常雄氏はその著書において、二五〇－五五〇年にかけて新羅がローマ文化をもった王国であったという説を述べておられる。[27] 通説ではないが、新羅の古墳からの出土物（トンボ玉、黄金剣、ローマン・グラス、角杯他）や古代史料などの検証結果が数多く列挙されており、説得力をもつ。

新羅が中国に遣使を送ったのは、二八六年に西晋に朝貢した後、ふたたび五六四年に北斉に朝貢するまでのあいだ、四回のみである。高句麗や百済が毎年のように朝貢を行なっていたのに比べると、新羅と中国の国交はほとんどなかったといえる。他地域における同類の遺物の出土地を検証した結果の由水氏の想定では、ローマ文化は地中海海域や黒海の南岸、西岸地帯のローマ文化をもった地域から、ステップ・ルートを経て、高句麗経由で新羅に入った。六世紀に入ると、新羅は急速に中国文化を受け入れ始める。その背景には、四七六年の西ローマ帝国滅亡を初めとする、ローマ世界の混乱がある。

西暦三五〇から五〇〇年にかけて、新羅と日本との接触はひんぱんであった。『三国史記』「新羅本紀」には、三九三年に倭人が攻めてきて、新羅の都城を囲んだとある。[28] また、高句麗の広開土王碑文には、四〇〇年に倭が新羅城にみちみちていたと記されている。西暦四〇〇年前後は、『記』『紀』が記す神功皇后の時代にあたると考えられる。

新羅と日本との関係は、戦闘状態ばかりではなかった。『紀』が引用する『百済記』によれば、神功皇后に新羅を討つため遣わされた襲津彦《そつひこ》は、新羅の美女に迷って、逆に伽羅を討ったとされる。『聖母宮縁起』は、皇后に同行した人物の一人に、大矢田宿禰の名をあげている。『姓氏録』によれば、大矢田宿禰は鎮守将軍として新羅に留めおかれるが、その国の王女をめとり、子孫をもうけている。長男は近江国志賀郡真野村に住んだとされる。

『古事記』には、オキナガタラシヒメは新羅で勝利をおさめたのち、杖を新羅の国王の門につき立て、出兵の途中で現れたスミノエ三神の荒御魂を、その国を守る神として鎮めまつって、海を渡って帰ったと記されている。すなおに読むと、スミノエの神は、日本で祭られる以前に新羅で祭られていたことになる。また『記』は、オキナガタラシヒメの母を新羅から渡来した天日矛《あめのひほこ》の子孫としている。新羅から日本に渡来した人々があったことは確かである。彼らによって新羅系の神が祭られていたとしても、不思議ではない。『大社記』があげる九所の大神の宮所在地には新羅が含まれており、新羅とスミノエの神とのつながりを示す。

由水氏のあげておられる例の一つに、新羅古墳から出土した金冠がある。三面の樹木形立飾りをもつのが特徴である。中国の王冠には、このような樹木形立飾りをもつものが存在しない。ところがギリシア・ローマの遺跡からは、月桂冠や木蔓冠などが出土する。樹木冠の源流は、古代ローマ神話に描かれるダイアナ崇拝から生れた。森の女神ともされたダイアナが住む聖なる森には聖なる木が一本あり、森の王だけがその枝を折り取ることができたという。その聖樹信仰が広がって、鉢巻状のダイアデムの前中央と左右に一本ずつ聖樹の枝を挿すことによって、神権をさずかった王となる儀式が始まり、やがて王となる人物が戴冠する冠として樹木冠が出現してくる。ヨーロッパの王冠は、樹木冠の形式を踏襲している。

日本でも樹木形立飾りのついた金銅冠が出土しており、その形式は新羅の樹木冠の系譜を引いている。現大阪府や壱岐の古墳から、樹木冠は出土していないが、『記』『紀』には大日下王《おおくさかのみこ》（大草香皇子）がもっていた押木《おしき》の玉縵《たまかずら》にまつわる説話が記されている。この冠は、新羅の王侯貴族が用いた、樹木形の立飾りをもつ冠であったと思われる。『紀』によると、大日下王が無実の罪で安康天皇に殺されると、王に仕えていた難波吉師《なにわのきし》が殉死している。「吉師」は「吉士」とも記されるが、新羅の官位名でもあり、新羅系渡来人とみられる。

大日下王は、応神の子・仁徳天皇の皇子とされる。仁徳は難波に都を作り、墨江の津を定めている。仁徳の皇后石之日売命《いわのひめのみこと》は、襲津彦の娘である。難波、墨江、朝鮮半島と関係が深かった仁徳天皇の皇子が新羅系の樹木冠をもっていたとすると、スミノエの神が祭られた地に新羅の文化が伝っていたのは、間違いないだろう。その文化は、由水氏によれば、高句麗、百済文化とは異質の、ギリシア・ローマ系文化であった。ギリシア・ローマの慈母神信仰、もしくはキリスト教の聖母信仰がスミノエに伝わっていたとすれば、壱岐を経由してであろう。

壱岐の母神崇拝

邪馬台国連合の一国であった壱岐は、早くから海神を祭っていたと考えられる。その神は、命の源として、母のイメージをもっていた。四〇〇年頃になると、新羅の影響もあって、明星としてイメージされるようになったのであろうか。このような神が受け入れられるには、壱岐の人々の生活に根ざした古くからの母神の存在が基礎にあり、それに習合されて、新しい神の信仰が根づいたかと思われる。

五世紀に入ると、キリスト教の大きな神学論争の的は、イエスの母マリアの尊称についてであった。この論争には、政治的問題や教会内の勢力争いがからんでいた。「神の母」の尊称はキリストの完全な人間性にふさわしくないとし、「キリストの母」ととなえたネストリウスは、エペソ公会議（四三一）において異端として退けられた。そののち、ネストリウス派はシリアからイランに入り、さらに中国へと伝えられ、景教とよばれた。

七八一年建立された大秦景教流行中国碑には、景教流行の由来が記されている。それによれば、景教は、六三五年、大秦国の人阿羅本《あらぽん》によって公式に入唐した。大秦国は、ローマ帝国、および地中海方面のローマ領を指す。正式入唐後、長安で歓迎され、教勢を広げ、太宗（六二七―六四九）を初め、唐王朝の皇帝の保護を受けたが、九世紀半ばになって衰え、明代に消滅している。

日本は六三〇年に、最初の遣唐使を派遣している。初回から七八一年の桓武天皇即位までのあいだに派遣された遣唐使は十三度にわたる。斉明五年（六五九）七月の遣唐副使は津守吉祥で、伊吉（壱岐、伊岐にもつくる）博徳が随行している。津守吉祥は『大社記』の原本を著したとされる人物である。伊吉博徳は外交にたずさわったばかりでなく、藤原不比等、伊與部連馬養などとともに大宝律令の選定にも加わった。彼の渡唐の記録は、『伊吉連博徳書』として『紀』に引用されている。

このときの遣唐大使の船は逆風に遭難して、たどり着いた島で大半は殺されたが、吉祥らは苦難の末、十月に長安に入り、唐帝に会っている。逗留中に情勢が変って、吉祥・博徳らは長安に幽閉される。釈放されて、帰国したのは斉明七年五月であった。吉祥・博徳らが長安にいたほぼ二年間は、ちょうど景教が皇帝の保護のもとに栄えた頃である。

景教では、その発生から考えて、マリア論が重んじられたと思われる。幽閉されていたとはいえ、吉祥・博徳らは何らかのかたちで景教にふれたのではないだろうか。もしそうであれば、自分たちと同じように、明星のイメージをもつ母を崇拝し、同じ日を祝日とする異国の宗教に驚いたことであろう。両者を簡単に結びつけることは許されないであろうが、『大社記』があげる大神の宮所在地には、大唐国も含まれているのである。

五　聖母崇拝の弾圧

壱岐の母神祭祀は、『紀』の神統図におさまらず、神祇官の支配下に入らない。先に推定したように、天平三年（七三一）に住吉大社がツツノオを住吉大明神として祭るようになると、住吉大社と同じ神を祭っていた壱岐も、ツツノオを住吉大神として祭らざるをえなくなったであろう。壱岐の住吉神社は、現在、島のほぼ中央に位置するが、半城湾内の御津浦が旧社地であったと伝えられる。住吉大神がツツノオ三神とされ、海の神でなくなった後、海辺から現在の場所へ移されたのであろう。

天平宝字五年（七六一）の鎮西五社制定によって、壱岐香椎宮は神祇官の支配下に入った。縁起の同年条には、壱岐香椎宮をふくむ鎮西五社の名に続いて、「いわゆる卜部道陣が祠に侍る」と記されている。『延喜式』臨時祭には、「三国の卜術にすぐれたものを卜部に取る」とある。続く割注に「伊豆五人、壱岐五人、対馬十人」とあって、亀卜にすぐれた人々が壱岐にいたことを示す。その卜術を、聖母神社の宮司家がもっていた。卜術を司ったのは、『記』『紀』に記される神功皇后や天武天皇の例からもわかるように、もとは神事権をもつ統治者である。聖母神社の宮司吉野家は壱岐を統治した一族であるが、神祇官の下におかれた時点で、卜部となったのであろう。

天平の末より神祇大副であった中臣清麻呂は、宝字年間に神祇伯になっている。清麻呂は中臣意美麻呂の子であるが、意美麻呂は藤原不比等の又従兄弟であった。宝字二年（七五八）から八年（七六四）にかけて右大臣、さらに太政大臣として権勢をふるったのは、不比等の孫の藤原仲麻呂であった。宝字三年には大宰府に命じ、行軍式という、新羅遠征の計画を作らせている。縁起が記す鎮西五社の制定は、仲麻呂の対新羅政策の一つでもあったろう。数年にわたってなされた遠征準備は、宝字六年（七六二）夏、仲麻呂と孝謙女帝との不和で流れた。

不比等・意美麻呂時代から引き続き、藤原・中臣一族が祭政の両方にわたって支配権を握っていたが、壱岐香椎宮は鎮西社と定められた時点では、まだ母なる原初の神を祭っていたと思われる。神功皇后を聖母として祭るようになったのは、延暦六年（七八七）八月に応神が壱岐で祭られた後、同七年（七八八）に壱岐嶋五社の一社として「聖母宮」と改名されたときであろう。同年五月に、壱岐の住吉神社に勅使が遣わされている。(29)勅使の派遣は、壱岐嶋五社の勧請と何らかの関係があったと思われる。

同八年（七八九）には、摂津国の住吉大社へ桓武天皇が行幸している。(30)『大社記』は延暦八年八月二十七日の日付をもつ。前後関係はわからないが、『大社記』の成立と天皇の行幸は、無関係ではないだろう。『大社記』の内容を検める目的があったのではないか。住吉大社が神功皇后を祭神の一柱とするようになったのは、延暦八年に『大社記』が成立したときと思われる。第I部第三章でのべたように、天平勝宝七年（七五五）大伴家持作の万葉歌四四〇八に「須美乃延《すみのえ》の我が皇神《すめかみ》」とあり、翌七五六年作の歌四四五七には「須美乃江の浜松が根の」とある。この時点で家持が奉じたのは江の神であって、神功皇后ではない。天平勝宝七年には、住吉大社はまだ神功を祭神としていなかったと考えられる。

延暦六、七、八年になって、朝廷は住吉の祭祀に繰り返し介入している。当時、神祇伯であったのは、清麻呂の子・大中臣子老《こおゆ》であった。右大臣の位には、不比等の曾孫・藤原是公《これきみ》がついていた。是公の娘吉子は、桓武夫人であった。

朝廷の介入と金星の動向

延暦六年になると、急に住吉大神祭祀への朝廷の介入が目立つが、なぜ桓武朝になってからなのか。住吉神が、新羅とつながりをもつ神であったためではないだろうか。

桓武天皇の父・光仁天皇は、天智系の天皇であった。壬申の乱以来、皇位を世襲していた天武の血につながる者に代って即位している。それも、左大臣藤原永手《ながて》（北家）、内大臣同良継《よしつぐ》（式家）、藤原百川《ももかわ》（式家）など、藤原氏の諸流がこぞって推した結果の即位であった。

天智一族と藤原一族には、共有する思いがあったと考えられる。天智天皇は二万七千人の兵を投じた新羅との戦いで、白村江において大敗を喫している。天智の寵臣が不比等の父鎌足であった。平安後期になったとされる『大鏡』は、不比等が実は天智の子であったとする。(31) 真偽を確かめるすべはないが、そのような噂が立つほど、天智系一族と藤原・中臣一族は結びついていたのであろう。彼らは血族でなかったとしても、白村江の雪辱を果たしたい思いを共有したに違いない。

桓武は、天智の曾孫であった。それればかりでなく、生母の高野新笠《たかののにいかさ》は、百済からの亡命民の後裔和乙継《わのおとつぐ》の娘であった。乙継は百済の武寧王の子孫とされる。新羅によって、曽祖父が大失政の恥をこうむり、母が母国と地位を失っている桓武が、新羅を敵対視したとしても無理からぬことに思われる。

しかし、なぜ延暦六年（七八七）から八年にかけて、住吉神祭祀への矢継ぎ早の介入なのか。即位直後には、天皇にそれだけの力がなかったことも考えられるが、『続紀』延暦六年七月八日条「大白、昼に現る」という記事が、この問と関係するのではないかと思われる。

星の運行など、国の歴史と何の関係もないと私たちは考えるが、当時、天の運行は地上の運命と結びついているとされ、政治において重要視された。とくに太白と呼ばれた金星についての記録は多く、なかでも金星が日中に見える現象は太陽と明るさを争う現象として、国を支配するものにとって凶兆とされたことは、前章において述べたところである。

天応元年（七八一）、桓武の即位と同時に、父光仁の強い意思によって、弟の早良《さわら》親王が皇太子に立てられた。延暦三年（七八四）九月二十七日に、金星が昼に現れている。延暦四年（七八五）になって、桓武は早良親王を廃退させ、同年十一月に十二歳の息子安殿《あて》親王を皇太子に立てていた。

延暦六年七月八日に、またもや金星が昼に現れている。前章で述べたが、神亀五年（七二八）八月四日に金星が昼に見え、九月十三日に基《もとい》皇太子が薨じている。金星が現れて一ヵ月あまりで基皇太子が死去した例があるから、桓武は安殿親王を守るために、早急に手を打とうとしたのではないか。そこで、まず八月三日に応神天皇を壱岐で祭らせ、同七年から八年にかけて一連の住吉神祭祀への介入となったかと思われる。

『続紀』天平二年（七三〇）八月七日条に、「太白、大微の中に入る」とある。大微は星座の名で、現在のしし座西端付近の十星にあたる。『史記』「天官書」ではそこに金星が入るのは謀反、政変の前兆とされる。天平三年に津守一族にツツノオを祭らせたのは、住吉大神から金星のイメージを取り除き、一族の謀反を防ぐ目的があったのではなかったか。(32)

延長五年（九二七年）、藤原時平・忠平らによって撰進された『延喜式』神名帳には、聖母宮の名は見られない。(33)他方、『摂津国風土記』によって「墨江」に取って代わった「住吉《すみのえ》」は、形容詞「吉《え》し」が死語化するにつれ、「スミヨシ」へと変化する。承平年中（九三一―九三八）撰進の『和名抄』は、「住吉」を「須三与之《すみよし》」と訓じ、以来スミヨシが定着した。「江」の神の祭祀は、これで消えてしまったかに見える。

暦応元年（一三三八）になって、壱州諸社長官惣大宮司であった伊岐末茂によって『聖母宮縁起』が繕写された。縁起の最後の一文に「子孫之外不許拝見況於他人哉」とある。当時、公表できなかったのであろう。しかし、子々孫々に伝えられ、壱岐で古代から崇められた神の実体を今日の私たちが知る確かな手がかりをとどめている。

その二　対馬の住吉大神の例

『壱岐香椎聖母宮縁起』は、神功皇后の新羅出兵の途でのできごととして、次を記している。

七日にあたって、空中に声あり、光明虚空に満ちる。瞬間をへずして、明星忽然と前に現れ、七十歳の仙人のごとき老翁に化して立つ。（中略）老翁は住吉大神なり。皇船は（十月一日、壱岐島物部郷に着く。三日、風本を発ち）対馬嶋の住吉浦に着く。浦主は住吉大明神なり。豆酘浦の南海辺なり。(34)

『聖母宮縁起』は、神功皇后の時代、住吉大神が対馬豆酘浦の南海辺の浦主であったとする。

「対馬」の表記は、『魏志倭人伝』冒頭にあるのが初見とされる。『古事記』および『旧事紀』は「津島」と表記するが、『日本書紀』では敏達十二年条に「津島」とあるだけで、一貫して対馬と書く。『紀』以来、国史には「対馬」と表記される。

平成十六年三月一日に、厳原町・美津島町・豊玉町・峰町・上県町・上対馬町の六町が合併し、市制施行した。南北に長い島で、北端の六十キロ先に釜山をのぞみ、南端の豆酘は壱岐に面する。聖母を祭る壱岐勝本町の対岸になる豆酘においても、聖母と呼ばれる住吉大神が祭られていたのであろうか。

現在、対馬市内の六ヵ所に、住吉神社が祭られている。（1）厳原町、（2）雞知《けち》、（3）鴨居瀬《かもいぜ》、（4）芦《よし》ヶ浦、

（5）櫛、（6）越高で、これらのほか、曽の浦に住吉という地名があり、小さな祠がある。[35] 以上の七ヵ所は、いずれも入り江に面している。[36]

『続日本後紀』承和四年（八三七）二月の条に、住吉神の名が対馬島下県郡に見える。また『延喜式』神名帳（九二七年撰進、九六七年施行）には、対馬下県郡の住吉が名神大社として摂津、長門、筑前、壱岐の住吉に名を連ねている。この住吉神社は、上記七ヵ所のいずれを指すのであろうか。

一　史料にみる住吉神

『對州神社誌』（一六八六）[37]には、芦ヶ浦を除く六ヵ所の住吉神社について次のような記述が見られる。

		神体	神殿
1	府内（厳原町）	（記載なし）	神殿、拝殿、神主により建立
2	雞知	虚空蔵木像 脇に宗像金像	本社、拝殿、木鳥居、いずれも上より御建立
3	鴨居瀬	虚空蔵木像	本社、拝殿、鳥居、いずれも上より御建立
5	越高	観音	
6	櫛	神体石（高さ七寸）	
7	曾	なし	社なし

「神名帳」によれば、住吉は「対馬下県郡」の名神大社とされる。越高、櫛、曾は旧上県郡に属すから、対象

外となる。芦ヶ浦は『對州神社誌』に記載されないから、対象からはずす。厳原、雞知、鴨居瀬の三社が残るが、「神名帳」に記される名神大社住吉は、「上よりの御建立」とされる雞知、もしくは鴨居瀬の住吉であろう。

『對州神社誌』より少し時代を降る資料に、『對馬州神社大帳』（以下『神社大帳』）がある。(38)『神社大帳』も、雞知の住吉を名神大社に比定し、さらに、鴨居瀬の住吉を移し祭ったとする。鴨居瀬の住吉神社の祭神については、「波瀲武尊《なぎさたけのみこと》也。雞知村住吉同神也」とある。雞知の住吉神社の祭神も、彦波瀲武《なぎさたけ》鸕鷀《うがや》草葺不合尊《ふきあえずのみこと》とする。『記』『紀』によれば、ナギサタケは海の神の娘豊玉姫《とよたまひめ》と火折尊《ほおりのみこと》（『記』火遠理命）とのあいだに生れている。ナギサタケの子が、初代天皇神武である。

『對州神社誌』によれば、鴨居瀬住吉と雞知住吉の神体は、ともに虚空蔵である。『神社大帳』は、両住吉の祭神をナギサタケとする。『記』『紀』が住吉大神とするのは、底筒男《そこつつのお》、中《なか》筒男、上《うわ》筒男（『記』箇之男《つつのお》）の三柱の神である。神社行政的色合いが濃い『對馬国大小神社帳』（以下『大小神社帳』(39)）は鴨居瀬住吉の祭神をツツノオとするが、(40)江戸時代の他の資料では、対馬の住吉神社とツツノオとの結びつきはない。それより、祭神が海神の孫ナギサタケとされる事実からは、海神との結びつきがうかがわれるのである。

二　鴨居瀬と雞知

『続日本後紀』（八三七）に住吉神の名が下県郡に見えるから、その頃すでに鴨居瀬、もしくは雞知で、住吉神が祭られていたのは確かである。しかし、それ以前については不明な点が多い。現大阪市に位置する住吉大社は、住吉神社の総本宮である。そこに伝えられる『大社記』は、大神宮の所在地として九ヵ所をあげる。そのなかに、対馬は見られない。『大社記』の奥書の日付には、天平三年（七三一）と、認印の日付延暦八年（七八九）がある。この時点では、摂津国の住吉大社とつながる住吉神が対馬で祭られていなかったためであろう。

しかし、『続日本後紀』承和四年（八三七）二月五日条になると、下県郡の无位《むい》の住吉神に従五位下が奉授されたことが記されている。官位が与えられたということは、その神社が官社となり、神祇伯のもとに置かれたことを意味する。官社とされたのは、鴨居瀬の住吉と思われる。『三代実録』貞観元年（八五九）正月二十七日条には、「対馬島従五位下和多都美神。高御魂神。住吉神並従五位上」とある。対馬住吉神が従五位上に上げられている。『三代実録』貞観十二年（八七〇）三月五日条に正五位下、『三代実録』元慶三年（八七九）五月条に従四位下が授位されたことが記されている。

現在、対馬は南北に細長いふたつの島――上島と下島――からなっている。上島と下島のあいだには、深い入り江をもった浅海湾《あそうわん》が広がる。浅海湾は、浅茅湾とも表記されてきたが、「あそう」は浅い海の意で、浅海と表記するのが正しいとされる。本来、湾は西に向かって開き、東側は閉ざされていた。現在は、江戸時代に開鑿された大船越瀬戸、および日露戦争前夜に完成した万関瀬戸によって、対馬海峡と朝鮮海峡間は浅海湾を通って行き来できるようになっている。

鴨居瀬は現美津島町《みつしままち》の小船越の入り口に位置する。大船越に対する小船越であるが、単に船越というときは小船越を指すそうである。ここは、文字通り、舟を人力で越えさせたところであった[41]。西側海岸から東側海岸まで現在は四〇〇メートルほどであるが、海水面が高かった古代においては、せいぜい一〇〇メートルほどで、郷土史家の永留久恵氏は、「コロ（丸太）を敷いて、スラを置き、船を載せて曳くと容易に越えられた」とされる。

対馬から福岡までは海路で一三二キロメートル、韓国へは約五〇キロメートルである。福岡から小船越浦に入り、小船越を越えれば、対馬のほぼ中央を横切って、西側に出られる。

雞知が近い大船越には坂がなく、そのため比較的大きな船まで越せたらしい。朝鮮国の書『海東諸国紀』（一四七一）に「吾甫羅仇時浦、五十余戸」[42]とあるのは大船越浦と考えられるが、それが大山（原文「吾也麻浦」）や濃部浦（原文「老夫浦」）と並んで浅海内にあることから、この浦が本来浅海の西側の一浦であったことを示す[43]。寛文十二年（一六七二）、藩主宗義真《よしざね》の時に、丘陵を掘り切って浅海湾から東海へ水路を通した。この堀切により東西の水運が直通した。

宗氏以前の実権者阿比留《あびる》氏は、雞知にいたとされる。阿比留氏は住吉神社の宮司で、雞知大掾《だいじょう》と称し、在庁とも呼ばれた。寛弘五年（一〇〇八）に鋳造された酘豆寺（ママ）の鐘銘に、「正六位上権掾阿比留宿弥良家」と見え、これが阿比留の名が見える確かな史料の最初とされる[44]。阿比留氏の出自については、島外から来たとみる説と、島内から台頭したとみる説があるが、そのいずれなのか確かでない。

この阿比留一族が、平安時代後期から鎌倉時代初期にかけて、対馬在庁の実権をもっていた。鎌倉時代の中期になって、権力の座が阿比留氏から惟宗《これむね》氏に代わっている。この惟宗氏が、後の宗《そう》氏である。文化六年（一八〇九）に書かれた平山東山の『津島紀事』与良郷鶏知村（ママ）の条には、「椽官阿比留氏、世々此の邑に居れり」とある[45]。

阿比留氏の名が史料に現れる一〇〇八年には、住吉神社は雞知にあったと考えられる。鴨居瀬から雞知に移ったのが何時かは定かではないが、『延喜式』が施行になった九六七年に、住吉神社は阿比留氏を宮司として、雞知に移った可能性がある。

三　住吉神社の神体

鴨居瀬と雞知との住吉神社の祭神はナギサタケとされる。ところが神体は、ともに虚空蔵菩薩であるのは、なぜか。

神社に菩薩像が祭られるのは、奈良時代に始まる神仏習合の表れである。虚空蔵は観音とともに釈迦の両脇侍とされることがあるが、独尊として作られた場合は、通例、左手にもった蓮華上に如意宝珠をもつ。心のままにすべてのことをかなえる力をもつ如意宝珠を仏格化したのが、虚空蔵菩薩である。

『法華経』には、竜王の娘が仏陀に宝珠をささげて、一瞬のうちに悟りを得た話がある。梵天・帝釈天・魔王・転輪聖王・仏身の五つにはなれない障害が婦女子にはあるはずだ、と詰問されたのに対して、彼女は、それ一つで三千大世界に等しい値をもつ宝珠を取り出し、仏陀に捧げた。仏陀がそれを受け取ると、彼女は仏陀がこの宝珠を献上されてから納受するまでのあいだよりもすみやかに成仏すると宣言し、衆目のなかで男性となり、それを実現したとされる。(46)

『法華経』のこの部分は、民間の海神信仰が仏教に組み込まれたことを示すと考えられる。女性には五障があって、男性に変身しなければ悟りを得ることができないとする、女性蔑視を根底に含む部分でもある。『法華経』は、一説によれば、欽明天皇十三年（五五二）十月、百済国の聖明王が仏像とともに伝えた仏典の一つであったという。『法華経』に含まれる上記の思想は、仏教伝来とともに、日本に伝わっていたであろう。

『法華経』に登場する竜王の娘がもつ如意宝珠とは、具体的には真珠のことであろう。雞知住吉の虚空蔵は宗像神像を脇侍としている。『釈日本紀』巻七に『筑前国風土記』逸文として、「(先師説きて云ふ) 胸肩《むなかた》の神躰は玉なる (の由風土記に見ゆ)」とある。[47] 宗像神の神体は、玉とされている。『万葉集』には「玉に寄する」と題される一連の歌がある。「玉」は真珠で、海神の娘とされ、母なる海神と真珠であるその娘は、異体同神のように信じられていたらしいことは、先に述べた通りである。

空海の自伝的著作『三教指帰』に、次のようにある。

ここに一の沙門あり。余に虚空蔵聞持の法をしめす。その経に説かく、「もし人、法によってこの真言一百萬遍を誦すれば、即ち一切の教法の文義暗記することを得」。ここに大聖の誠言を信じて飛燄を鑽燧に望む。阿国大瀧嶽に躋り攀じ土州室戸崎に勤念す。谷響を惜しまず、明星來影す。[48]

虚空蔵求聞持法《ぐもんじほう》の経典が示す作法に従って室戸崎で修行したところ、明星が大空に姿を現したと述べている。明星が虚空蔵菩薩の化身とされている。同類の記述が、『今昔物語集』にも見られ、[49] 仏教における、虚空蔵と明星のつながりを見せる。

江戸時代の文献では、雞知と鴨居瀬の住吉神社はツツノオとの結びつきが薄い。祭神が海神の娘の子ナギサタケ・ウガヤフキアエズである事実からは、海神信仰がうかがわれる。神体が虚空蔵菩薩であることは、真珠と明星を崇める信仰が背後にあるものと思われる。

このような色合いは江戸時代になって生れたものではないだろう。雞知と鴨居瀬の虚空蔵菩薩像の製作年代は不明である。そうとしても、この社で虚空蔵菩薩像が祭られている事実は、住吉神社に官位が与えられる以前からあった、海神とその娘に対する崇拝の名残ではなかろうか。平安時代後期になると、神仏習合が定着する。明星や真珠を神の現れと尊ぶ古代からの信仰が仏教に習合されて、虚空蔵菩薩の崇拝となったと考えられる。

現在、雞知の住吉神社では、ナギサタケとならんで豊玉姫と玉依姫が祭られている。対馬を訪れ、この神社の裏手にまわったとき、小さな祠を発見した。椎根には対馬で産出される板状の石で屋根を葺いた、石屋根とよばれる建物が今も数戸残っている。小さな祠は、石屋根を小型にしたような五〇センチ四方角の祠であった。

祠のなかには、帆立貝に似た形で、鮮やかなエンジ色の貝が、内側をこちらに見せて立っており、その前には白く光る巻貝が数個置かれていた。エンジ色の貝は対馬名産物の一つのヒオウギと、後になって知った。白、黄、橙、赤、紫など、色の鮮やかさがヒオウギの特色で、水深一〇メートル位の岩にくっ付いて育つそうである。同じイタヤガイ科に属す帆立貝は、一方の殻を帆として水上を泳ぐと信じられているが、事実は、殻を開閉する反動で動く。

小雨の降る薄暗い日で、山陰の祠のなかであったにもかかわらず、白い巻貝は、まるで銀色の蛍光塗料を塗ったのかと思わせるほどに光っていた。図鑑で調べ、ギンエビスと知った。鹿島灘以南九州、台湾に分布する貝で、殻表は真珠光沢が強く、水深五〇—一〇〇メートルの砂底に住むとされる。

祠のギンエビスは、どのようにしてここに納められるようになったのだろうか。浜に打ち上げられる貝殻には、つやがない。生きた貝から身を取りはずさなければ、つやと輝きは貝殻から失われる。祠のギンエビスは、五

『對州神社誌』によれば、與良郡竹浦村（現竹敷）に「しゃうぼ」が祭られている。神体は石で、その来歴は知らず、とある。社は二尺五寸角で、六月朔日と霜月朔日に村中でこれを祭る、とする。「しゃうぼ」を、『神社大帳』は聖母神社とし、旧号を息長足媛神社としている。竹敷には、聖母山《せいぼやま》の名も残っている。標高四一三メートルで、海に突き出ている。山というより、岬の小高い丘で、下には竹敷漁港が見える。

竹浦村には、「しゃうぼ」の他に、「かまの神」も祭られる。神体は石で、来歴は知らず、六月吉日を祭日としている。社はなく、神所は村中にあり、と記されている。両神を祭る者は巫府内まつ、とある。『神社大帳』は、竈神社とし古社なりと記している。

かまの神は、食物の神でもあれば、火の神でもある。『對州神社誌』によれば、その神所が村中にある。「しゃうぼ」と「かまの神」を祭るのは同じ一人の巫である。竹敷で祭られる神は、聖母でもあれば、かまの神でもあったのではなかろうか。竹敷西北よりの昼ケ浦には、飯盛山が位置する。「かまの神」が飯を盛る山とされたことに由来する名か。

『聖母宮縁起』には、仲哀天皇が朝鮮半島からの敵軍を迎え撃つために、「対馬嶋、浅海浦、栖母山」に城をかまえたとある。「栖母」は漢音では「セイボ」であるが、万葉仮名では「スモ」である。その西側で、浅海湾が深く入り込んだ箇所は、洲藻《すも》湾と呼ばれる。「洲藻」の地名は、『聖母宮縁起』では仲哀天皇と結びつけられており、神功と関係がない。縁起の書き手は、「聖母」の名が神功皇后と関係なく存在したことを含むのではなかろうか。

「明星」　『對州神社誌』によると、仁位郡銘村では「明星」が祭られている。神体は石で、五尺四方の石の上に置かれている。社はなく、干魃の年にこれを祭る、その他に祭りなし、とあるから、その神は水神である。

『神社大帳』は、銘を「女井」と表記し、「明星社」について、「据社神體石之上社五尺角……祈雨之神也　干魃祭之。」と記す。『大小神社帳』は「祭神不知」とするが、祠官の名をあげている。祭りがこの時代まで続いていたようすをとどめている。

「井」は掘り井戸ばかりでなく、泉や流水から水を汲むところを意味した。「女井」は、「女の井」＝「女性である泉」の意でもある。地域全体の名が女井とされるのは、女神の水神がこの地域の主神であったためか。その水神は明星でもあったと思われる。

銘村では、天道＝太陽も祭られているが、神体も社もない。『神社大帳』によれば、このほかに無社の嶽《たけ》神が祭られており、天道とともに「卜部ノ祭ル神ナリ」とされる。明星と太陽が小さな村落で合わせ祭られていることになる。

明星を祭る銘は、下県郡北端の西海岸に位置する。永留久恵氏の推定では、遺跡の分布情況や出土品の質と量から見て、対馬の中心地は、三根を中心とする地区（三根湾岸）から仁位を中心とする地区へ（浅海北岸）、さらに雞知を中心とする地区（浅海南岸）へと移った。三根を中心とする地区は弥生前期後半の一世紀、仁位を中心とする地区は弥生後期二〜三世紀、雞知を中心とする地区は弥生終末期から古墳時代にかけて栄えた(50)。『魏志倭人伝』には、対馬国について「良田無く、海物を食して自活し、船に乗りて南北に市糴《してき》す」と記されている。三世紀頃、海を自由に行き来していた対馬のようすを伝えている。『魏志倭人伝』に記録された対馬は、おそらく仁位地区に中心があった時代であろう、というのが永留氏の説である。

西海岸にあって、三根と仁位の中間地点に位置する銘は、朝鮮半島との交流が、大和との関係より重きをなした時代に開けたと思われる。仁位の東ノ浜遺跡、佐保のシゲノダン遺跡からは、異形細形銅剣が出土している。

両遺跡は現豊玉町の浅海湾側にあり、弥生中期後半から後期初頭のものである。異形細形銅剣は、このほか美津浜町久須保からも出土しているが、対馬だけに存在する珍しい遺物である。韓国にも出土例がある朝鮮式細形銅剣とは異なるとされる。この銅剣は中国東北部にも例がある。スキタイ文化に源を発し、それが匈奴《きょうど》の文化に入り、その匈奴が東湖を支配下に入れたことから、朝鮮に及んだものと考えられている。遊牧騎馬民族の文化が、対馬に流れ着いている証とされる。(51)

スキタイは、前六世紀から前三世紀まで、黒海北岸に強大な遊牧国家を建設したイラン系の遊牧民族である。七世紀前半のアラブによるイラン征服まで、イランの国教はゾロアスター教であった。その聖典アベスターのなかでも、「ヤシュト」とよばれる書の内容は前二千年紀にさかのぼり、インド・イラン共通時代の神話が見られる。五章は、ゾロアスター教の主要神格のひとつであるアナーヒター女神に捧げられている。アナーヒターは、本来「清浄な」を意味し、水と水流の女神、生殖・繁栄の神とされる。アベスターによると、星をちりばめた金の頭飾りをつけ、美しい乙女の姿をしている。星辰界に属するとされるから、星神である。(52)アナーヒターは、メソポタミアの女神イシュタルに著しい類似を示す。(53)

神仏習合によって虚空蔵に取って代わられる神が、銘でも祭られていたと考えられるが、その信仰は、スキタイ文化の影響を受けている可能性がある。

銘村で明星がいつ頃から祭られるようになったかというと、『紀』の成立後、中臣氏が神事権を握った後ではありえない。銘は対馬の西海岸に位置するから、対馬と朝鮮半島との交流が大和との関係より重きをなしていた時代に開けたと思われる。道教が禁じられる時代になると、対馬の政治的中心は東海岸の与良（現・厳原）に移る。政治の中心からはずれ、大和の目が届かない地域にあって、明星崇拝が生き残ったのであろうか。

五　豆酘《つっ》の住吉大明神

現在、豆酘は対馬南西端の一村落であるが、古代における豆酘郷は、現厳原町の南半分ほどの広い地域を指した。『對州神社誌』に記される豆酘郡豆酘村の天道の祭には、府内、久田内院、内山、久保小路、豆酘、久根がかかわっている。『海東諸国紀』には、豆豆浦は「三処合わせて三百餘戸」とあり、屈指の集落である。豆酘の名は漢字の意味に関係はなく、近世にいたるまで用字も一定していなかった。『和名抄』に、対馬島下県郡四郷の一つとして「豆酘」の名がみられるのが初見である。『海東諸国紀』には、「豆豆郡」「豆豆浦」の表記が見られる。『對州神社誌』では「醴豆郡」と表記されるが、元禄十二年（一六九九）に中世的郡称を古制に戻したさいに、『和名抄』にならって豆酘郷・豆酘村としたらしく、以来これが定着する。

永留氏は、豆酘にある七世紀初頭の保床山《ほとこやま》古墳の被葬者を、対馬下県直に比定し、豆酘に有力な古代豪族がいたと推定されている。古墳の前には美女塚という石塚がある。この地から召された采女《うねめ》が、道中で舌をかんで自害した伝説が、由緒として語り伝えられる。采女は、孝徳紀二年条に見られるように、地方豪族たちに姉妹・子女を貢がせたもので、人質であった。豪族の首長たちが政治権・神事権を合わせもっていた時代には、その姉妹・子女は祭りごとに当ったから、彼女たちを大王に貢ぐことは神事権を朝廷に譲り渡し、従属をあらわす意味をもった。豆酘から采女が出たという伝説は、対馬の下県直、もしくはその後裔が豆酘にいた傍証とも考えられる。(54)

現在、豆酘浦にそそぐ乱川沿いに、雷神社が立っている。かつては嶽之大明神と呼ばれていた。タケの神もしくは夕ケ神は、以下に見るように、対馬のそこかしこで祭られている。[55]

豊崎郡

網代村——大嶽（神体石高さ五寸）

和泉村——大嶽（神体、社、なし）

峯郡

吉田村——白嶽大明神（神体阿弥陀高さ六寸四分）

仁位郡

仁位村——嶽乃神（神体、社、なし。『神社大帳』占部の祭る神）

大嶽之神（神体、社、なし。村中より宮司を以って祭る。）

小千尋藻村——嶽之神（神体、社、なし。『神社大帳』別名、飯盛。占部の祭る神。『津島紀事』祭神をナギサタケと豊玉姫命とする）

田村——嶽之神（神体、社、なし）

銘村——嶽神（『神社大帳』による。占部の祭る神）

有麦《うむぎ》村——嶽之神両社（神体石。一社、社有。一社、社なし。『神社大帳』占部の祭る神）

佐保村——嶽之神（神体、社、なし。『神社大帳』占部の祭る神）

唐州村——嶽之神（神体、社、なし。『神社大帳』占部の祭る神）

廻村——嶽之神（神体、社、なし。唐州村法者善之允を以って祭る。『神社大帳』占部の祭る神）

與良郡

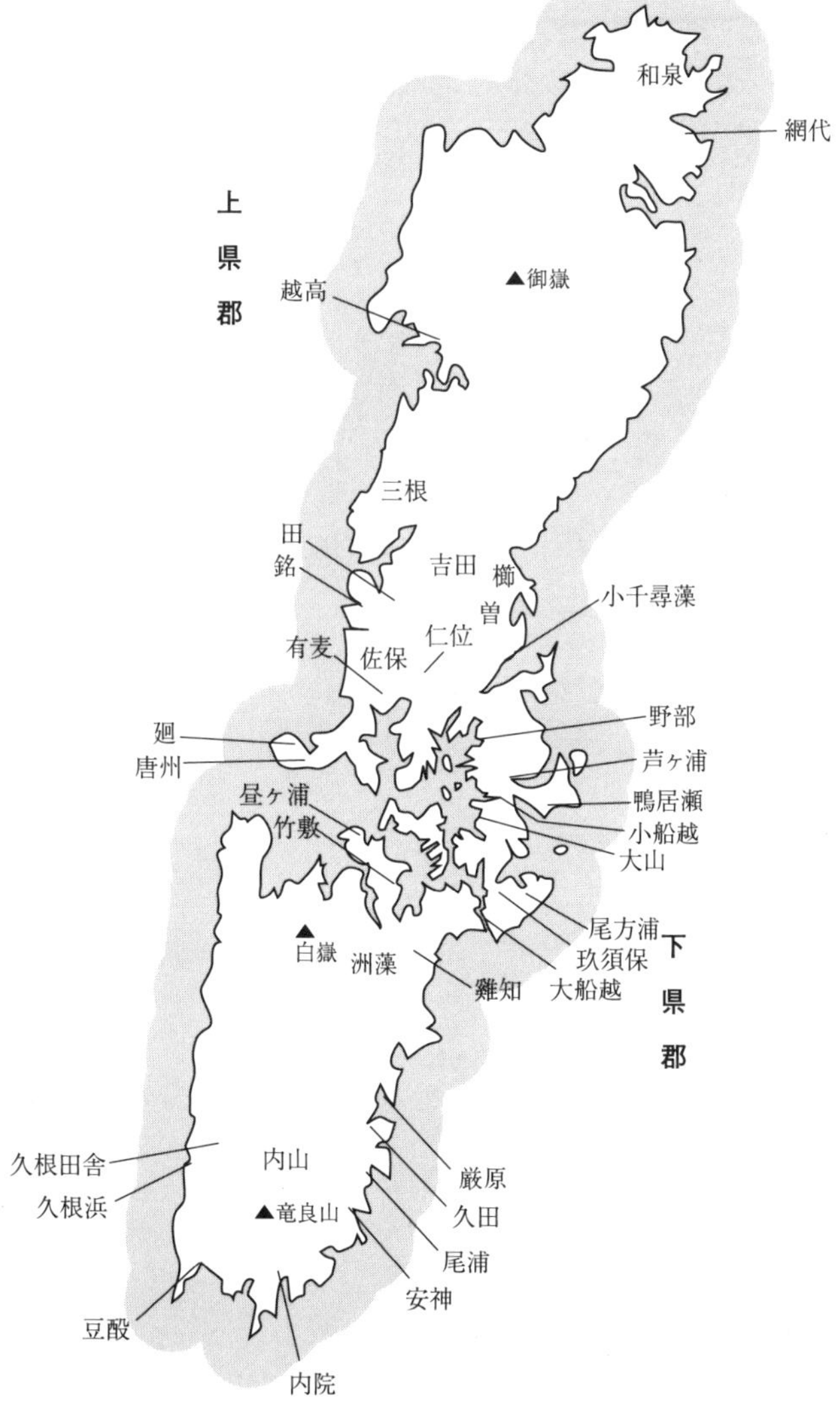
和泉
網代
上県郡
▲御嶽
越高
三根
田
銘
吉田
櫛
曽
小千尋藻
有麦
佐保
仁位
野部
廻
唐州
芦ヶ浦
昼ヶ浦
鴨居瀬
竹敷
小船越
大山
尾方浦
▲白嶽
洲藻
玖須保
下県郡
雞知
大船越
内山
久根田舎
久根浜
厳原
▲竜良山
久田
尾浦
安神
豆酘
内院

尾方浦村――金生嶽《こんじようたけ》（神体、社、なし。神主は大船越村半兵衛。『神社大帳』海上導御先駆神）
玖須保村――金生嶽（神体、社、なし。尾方浦村之神と同前也。神主は大船越村半兵衛。）
大山村――大山嶽（神体、社、なし。府内法者貳左衛門）
野部村――鼓嶽神（神体、社、なし。神主は大船越《（マヽ）》半兵衛）
安神村――嶽神（神体、社、なし。神主は府内新右衛門）
尾浦村――嶽之神（神体、社、なし。神主は府内法者治部右衛門）

豆酘郡

豆酘村――嶽之大明神（神体は岩、社なし。神主は岩佐甚吉。正月三日に焼占をする）

これらのタケ神は、いずれも海に面した地域に位置する。そのほとんどは、神体も社もないが、神所の土地、神山を持つものが多い。神体がある場合は、山や自然の石である。神主がないものもあり、民間の宗教者「法者《ほさ》」によって、祭りが行われている。「占部の祭る神」とされるものも数社ある。社のない聖地で神を祭り、占いでもって神意をうかがう、古くからの信仰形態を残している。

タケ神がこれほど対馬の各地で祭られているのに、『延喜式』神名帳にはその名が見られない。その理由は、朝廷がタケ神信仰を認めなかったからであろう。嶽のケは乙類で、タケは「多・大＋ケ」でもありうる。「豊受大神」の神名の中核にあるウケ（＝大いなる＋ケ乙）と同じ意味をもつ。対馬のタケ神は、同じ神ではなかったか。

上記の表のうち、村名が枠で囲まれているのは、天道を祭る地である。そのなかでも、仁位村の嶽乃神、銘村の嶽神、佐保村の嶽之神、廻村の嶽之神は、天道とともに、卜部によって祭られている。尾方浦村、玖須保村では、嶽神が海の神とされる。小千尋藻村の嶽神は海神で、別名は「飯盛」でもあったとされる。タケ・ウケの神が、火の神でもあれば、水の神でもあった痕跡か。

上記の表では、タケ神のなかでも豆酘郡豆酘村の嶽之大明神が際立つ。「大明神」という名からも、タケ神崇拝の中心地であったと思われる。嶽之大明神について、『對州神社誌』には、

一殿様之御占并郡中之焼占　正月三日ニ仕　同四日ニ岩佐甚吉持登　差上之

一右神主岩佐甚吉　御占之時之入用之物　村中ヨリ調之

とある。焼占とは、亀卜のことである。嶽之大明神において、島主の運、郡中の作物の豊凶が占われていたことがわかる。

『對州神社誌』によれば、豆酘では、嶽之大明神以外に、天道においても亀卜が行われていた。先に記したように、『延喜式』臨時祭に、「宮主は卜部のことに堪へたる者を取りてこれを任ず。その卜部は三国の卜術優長なるものを取る（伊豆五人、壱岐五人、対馬十人）」とある。対馬に亀卜に優れた者がいた。その中心が豆酘にあった。

亀卜は明治四年の排藩置県まで公式に行われていたが、今はその正式作法はすたれている。豆酘の雷神社は、亀卜の伝承を現在も行事として続ける、唯一の神社である。現在の雷神社は『對州神社誌』によれば嶽之大明神であるが、『神社大帳』は旧号を都々雷《つついかつち》神社とする。『津島紀事』は、旧号を槌雷ノ神社、あるいは嶽ノ神とし、毎年正月三日に卜人岩佐氏がこの社において天下国家の吉凶を占うことを記している。(56)

『和名抄』十巻本は、宵の明星を「由布都々《ゆふつつ》」、同二十巻本は「由布豆々」と記す。「都々」「豆々」と表記されるツツは、星を意味する。イカツチは、イカ（大いなる）＋ツ（連体助詞）＋チ（霊）＝「大いなる霊」を意味した。「都々雷＝ツツイカツチ」は、本来、「星（それも明星）の大いなる霊」の意ではなかったか。本来の意味が忘れ

られて訛った語が、「ツチイカツチ＝槌雷」であろうと思われる。

豆酘内院の北には、神体山とされる対馬第二の高峰龍良山《たてらやま》（五五八メートル）がそびえる。内院側の山腹には「カネホリグマ」という古坑があり、タテラはタタラの訛りであることも考えられる。タタラとは和鉄を精錬するふいご、またはその精錬場を意味する。

龍良山のさらに北側には、対馬の最高峰矢立山、別名都々智山《つっち》（六四八メートル）がひかえている。ツツチは、ツツ（星）＋チ（霊）であろう。『對州神社誌』は佐須郡久根村の項に、「**やたて**　と申山（中略）此山ニ女神御座候由　昔ヨリ申伝候」と記している。『神社大帳』は同じく久根村の項に、「矢立女房神　金山上社山なり」とする。矢立山、別名都々智山にいます神は、女神とされる。

この山の西には、久根田舎、久根浜と呼ばれる集落がある。『津島紀事』は、久根の旧名を大調《おおつき》（於布津幾）とし、それは多くの銀を産し、調《みつぎ》として献じたためとする。(57) ツツ（星）＋チ（霊）である神は女神で、鉱業と結びついている。鉱脈のある地に雷が発生しやすいことも、ツツチがイカツチと呼ばれるようになった一因であろうか。

五行説は、木・火・土・金・水を万物組成の原素とし、木星・火星・土星・金星・水星・の五惑星をその各々に当てはめる。夕暮れ、西の方向に姿をみせる金星＝夕つつは、五行説において鉱物を意味する金とつながりをもつ。

豆酘の祭祀については、江戸時代以前の史料がない。言葉の化石とされる地名や江戸時代の史料からの推測に過ぎないが、明星を化身とする女神が、豆酘で祭られていたと思われる。『聖母宮縁起』が記すように、住吉大神が豆酘の浦主であったと考えてよいであろう。しかし「住吉」は、七一五年以後の名である。住吉大社が伝える『大社記』に対馬の住吉神の名が見られないことからも、『大社記』が官に納められたとされる天平三年（七三一）には、対馬では住吉神は祭られていなかったと考えられる。それ以前は嶽神、さらに古くはタケの神であったのではないか。それは壱岐勝本が祭るのと同じ神であったと思われる。

豆酘では、天道も祭られている。その土地は広大で、対馬の南端神崎《こうざき》から竜良山《たてらさん》の連峰を網羅し、内院から豆酘までの照葉樹林帯を占めていたそうである。(58) 現在、豆酘の天道は太陽神ではなく、天道童子を祭る。照日之某という者の娘が日輪の光に感じて生んだ聖者・天道童子の伝説がまつわっている。『對州神社誌』は、豆酘の天道の盛大な祭りの次第を記録しており、十月乙卯より十一月初酉日に焼占が行われたと記す。一聖者の祭にしては盛大すぎる観があり、もとは太陽神の祭であったのではないかと思われる。仁位郡で嶽神と天道がともに卜部によって祭られることから推測すると、古くは、豆酘でも、タケの神と太陽神が卜部によって祭られていたのではなかろうか。

六　消された豆酘の住吉大明神

現代の私たちには、対馬は大和から遠くへだたる地と思われるが、古代において対馬は大和朝廷と緊密な関係をもっていた。天智二年（六六二）、日本の水軍は白村江の戦いで唐・新羅の連合軍に敗れている。この敗戦の結果、朝廷は防衛のため、対馬・壱岐・筑紫の沿岸に防人を配し、烽《とぶひ》をもうける。天智六年には、大和、讃岐などの要地に城が建てられ、対馬にも金田城が築かれた。

新羅は朝鮮半島から唐を追いだすため、五年あまりも唐と戦い、六七六年になってやっと統一を果たしている。

朝廷は、七〇一年に、三十二年ぶりに遣唐使を任命し、翌年、派遣した。天武・持統朝に新羅寄りの外交を続けてきた朝廷が、方向を転じている。大和と新羅との関係はしだいに冷え、遣新羅使の数も急速に減っていく[59]。新羅と唐との関係がそれほど安定していない七〇〇年前後に、朝廷が唐寄りの政策を取り始めると、地理的に大和より朝鮮半島に近い対馬国は危険にさらされる。孤立しないためには、対馬は大和に従属するしかなかったであろう。

天武朝には銀、文武朝には金が、対馬から朝廷に献じられ（金はのちに詐欺であったことが判明したとされる）、大宝の改元のきっかけとなった。元明朝の七〇八年には、対馬県直の子孫であろう津島堅石が連より朝臣になっている。津島朝臣真鎌は、和銅七年（七一四）に伊勢守に任じられている。『日本書紀』が成った七二〇年の十二月には、津島朝臣大庭が五代目の伊勢太神宮司に任じられている。在任は、六年であった[60]。その後、天平十八年（七四六）には津島朝臣家虫が十代目、天平二十年には津島朝臣小松が十一代目太神宮司の任についている。対馬を支配した一族が、伊勢神宮の祭祀に緊密にかかわっていた。

第三章　阿古耶姫伝説と真珠崇拝の痕跡

阿古耶姫伝説は、山形市東部に位置する千歳山にまつわって伝えられる。全山が樹齢一五〇年以上の赤松の緑におおわれる、標高四七一メートルの山である。その北麓には、万松寺という寺が立つ。ウェブサイト『千歳山開山千三百年』にのせられている阿古耶姫伝説は、次のようである。(1)

阿古耶姫の父、藤原豊光卿は、国司として陸奥の国を治めていました。姫は容姿端麗・才色兼備で琴の名手でした。ある夜、いつものように琴を奏でていると、どこからともなく美しい笛の音が聞えてきました。その笛の音色はこの世のものとは思えないほどに高貴なしらべでした。この様に美しい旋律を奏でるのは一体誰であろうかと、あたりを見回すとそこには眉目麗しい名取左右衛門太郎という若者が笛を吹いている姿があったのです。姫と太郎は管弦の音に思いを込めて、美しい旋律を奏でるようになりました。そうして楽しい日々が続きましたが、ある夜突然姫は若者の正体を告げられたのです。「私は、千歳山の古松の精霊で、この度、名取川の橋となる為に切られることになってしまったのです。お別れのときです……」

このようにして松は橋の土台として、千歳山で切り倒され、名取川に運ばれることになったのでした。しかし、古松は山形県と宮城県に跨る峠でぴたりと動かなくなったのです。それは阿古耶姫との名残を惜しむ松の精霊の最後の嘆き（抵抗）でありましたが、別れのことばを姫と松の精霊がささやきあったところ、再

び松は自然に動き始めたと伝えられています。（ささやいたことから、ささやき峠＝笹谷峠となった）

阿古耶姫は、古松が切られた、その地に新たに松を植え、小さな庵を建て、古松の精霊を生涯弔い続けたのでした。その際に阿古耶姫が歌を残します。「千歳　千歳　折るなかれ　切るなかれ　わが夫の宿木なりこれよりこの山を　千歳山という」これが現在の千歳山の由来であり、千歳山萬松寺のはじまりと伝えられています。

アコヤ貝は真珠の母貝の名で、アコヤは真珠を意味する。古代においては、真珠は海神の娘とされた。海神の娘にちなむ名をもつ女性についての伝説が、ここ内陸の地で、いつ頃から語られるようになったのであろうか。

一　阿古耶姫伝説とあこやの地

ウェブサイトをさかのぼる話が、寛政四年（一七九二）に著された『乩補《けいほ》出羽国風土略記』（以下『乩補略記』）に記されている。(2) 山形両所宮の神職里見光當《みつまさ》の弟子が師の文に筆を加えて記した書であるが、とくに村山郡を詳述している。以下は、万松寺と阿古屋の松についての記事のあらすじである。

千歳山の頂上に阿こや（ママ）の地があり、万松寺の後の山際には阿古屋姫の石塔がたっている。阿古屋姫は右大臣豊成卿の息女で、中将姫の妹である。豊成が流罪となったとき、家臣が姫のともをして出羽国平清水へ逃げ下った。姫は病をえて末期におよび、この山の頂に葬り、しるしに松を植えるように言って、和歌を残し、亡くなった。この歌が石碑に二行にわたって彫られている。末の文字は石碑が欠けて見えないが、言い伝えによれば、「きえし世の　あととふ松の　末かけて　名のみは千々の　秋の月かけ」であったという。家臣は姫の遺言どおり、千歳山の頂に姫を葬り、しるしに松を植え、石碑に右の歌を書き記して立てた。これによって、ここをあこやの地とよび、松をあこやの松と言い伝える。この石碑は、山の頂阿古屋の地にあったが、いつのころにか山より転び落ちて石が欠け、そのため麓の万松寺の堂の後に置いた。

この話によれば、山頂の地名・阿古屋は、アコヤ姫を葬ったところにちなんで付けられている。アコヤ姫は名の知れない公卿の娘ではなく、藤原豊成の娘で、中将姫の妹とされる。豊成は大宝四年（七〇四）に生まれ、天平神護元年（七六五）に没している。中将姫は天平十九年（七四七）生で、宝亀六年（七七五）三月十四日に諸仏諸菩薩に見守られながら浄土へ戻ったと伝えられる。アコヤ姫が中将姫の妹なら、七四七年以降の誕生でなくてはならない。

『乱補略記』より時代をさかのぼるアコヤ姫伝説は、元文二年（一七三七）に、平清水組大庄屋佐久間久左衛門が山形領主堀田候に提出した「口上書」にみえる。(3)

寺号は開基阿古屋姫より起り候、其由縁は上古いづれの公卿に御座候哉、奥州信夫郡辺に謫居成され候うち、姫君御誕生之処、美貌の御生れ故、御父の御卿も御称美の思召にて、阿古屋の玉の佳名を御取用い、阿古屋姫と御名つけの由、然る処姫君も御年つもりて後、閨闥さびしく思召すほど、夜々一人の男子来りて懇ろにとぶらひ候に、終に夫婦の契約有之、年月を送られ候処、一夜又此男来りて姫君へ申候は、是迄はつつみ候へ共、元来我は松の精に候を、今時至って橋木に成る御筈故、同床のかたらひも今宵ばかりと思ふ也と云ひながら、むつび候しるしには、縦令伐て倒すとも其時姫君御手かけられず候はゞ、動き申すまじと語り候故、姫君も奇怪に思召すこと大方ならず候処、翌日果たして約に違ふこと無之、其松を伐り数人にてひき候得共、更に動き申さず候間、所の者不審と存知、うらかたなど尋ね候上にて、姫君を頼みひき候に、御手かけ候へば大木滞らず候て、高低の道路をひき候……その後姫君程なく卒去の処、御遺言に我が屍体は当国の名山に納め、頂上に松を植うへしと仰せられ候故、千歳山迄送り、只今の阿古屋の地に埋葬仕候て、御遺言の如く植候松を、阿古屋の松と申候旨、其時阿古屋姫御追福のため寺も建候欤、此由縁にて千歳山万松寺と号を申伝候……

この伝説では、阿古屋姫の遺言に従って名山である千歳山に埋葬し、そこに植えた松が阿古屋の松と呼ばれた。その地が「只今の阿古屋の地」とされる。阿古屋の地名は、姫に由来するとしている。

「口上書」を五十年ほどさかのぼる元禄二年（一六八九）三月、当時の山形城主松平大和守直矩が、「あこやの松記」と「奥州歌枕」の二番を芝居にして山形城内で上演していたことが、『松平大和守日記』に記録されている。(4)

一、二番続　あこやの松記

今度仕組、大臣　弥内、供　五右衛門　同　武兵衛、実方　一学、所の者　六郎兵衛、出家　忠右衛門

一、奥州歌枕　今度仕組、歌枕ハ平清水久左衛門作之　実方　一学、うば　鉄右衛門、所之者　甚兵衛、供三吉、立役　長三郎、庄や　庄兵衛

これらの芝居の原本も写本も現存しないので、その内容は不明である。しかし、上記の二つの芝居に阿古耶姫は登場していない。「口上書」にある万松寺にまつわる縁起が、松平直矩の時代にすでに存在していたなら、これほど芝居にふさわしい題材はない。元禄二年の時点で芝居になっていないのは、阿古耶姫伝説がまだ存在しなかったためであろう。そうであれば、「口上書」に記されるものが、阿古耶姫伝説の最も古い形であろう。

「奥州歌枕」の作者平清水久左衛門は、平清水組大庄屋の佐久間久左衛門義青のことである。平清水家は奈良時代神亀（七二四－七二八）の頃、下野国から出羽国へ下向したと伝えられる。千歳山の南麓平清水の地へ居住して、近郷の地を開拓し、代々平清水・佐久間の両姓を用いていた。最上義光時代の平清水下野義行は、無役の衆として三千石の知行を給せられていた。義青は下野義行から六代目に当り、大庄屋役をつとめた。(5) 平清水家当主は、代々、教養人、文化人が多かったらしい。芝居を創作し、城内で上演を許された久左衛門義青は、その一人であった。

一七三七年の「口上書」を提出したのは、八代目佐久間久左衛門義明である。義明が正式に大庄屋となったのは、享保十二年（一七二七）からであるが、享保二十年（一七三五）になって、組内庄屋の不正事件に責任を問われ、大庄屋を退役させられている。退役後、義明は漢方医をなりわいとした。博学多才で、文武に通じ、文筆の才能もあった。「口上書」の前書には、千歳山万松寺縁起についてお尋ねがあったが、往古、寺は焼失し、盗難にもあい、紛失し、古い記録も見当らないので、所の老農などなどの言い伝えることを申し上げる、とある。(6) 文才のあった義明が、一つのロマンスを創作したかと思われる。義明の「口上書」によって、阿古耶姫物語が寺の縁起として形をととのえたのであろう。宝暦三年（一七五三）には、義明は千歳山の植林を行なっている。(7)

「口上書」によれば、寺領は六十石とある。いずれの時代からいただいているのか知らないが、御朱印は慶安元年（一六四八）よりで、山形御領内寺社領の御黒印がみな御朱印に改められた頃より頂戴しているとある。一六〇六から十六年にかけて、江戸幕府は寺院法度を出している。寺院法度制定の上、寺請制度を実施して、寺社を支配のための道具とした。万松寺もこの時代に六十石の寺領を与えられて、位置付けがなされたのであろう。

二　「みちのくのあこやの松」の所在地

実方伝説

芝居「あこやの松記」と「奥州歌枕」の登場人物である藤原実方（？—九九八）は平安中期の人物で、一条天皇（九八六—一〇一一）に仕えて左近衛中将に任じられた。和歌の道にすぐれたが、長徳元年（九九五）、陸奥に流された。悲運の歌人として、多くの説話伝説を生んでいる。

『古事談』（鎌倉初期成立）にのせられている話では、(8) 実方は藤原行成と争い、一条天皇の不興を買って、睦奥国の歌枕「あこやの松」を見てくるようにと睦奥守に左遷される。睦奥に下った実方はあこやの松を探し回るが、なかなか見つからない。土地の古老に尋ねると、「あこやの松」は陸奥国内ではなく、陸奥国から出羽国が分れて以後、出羽国のうちとなった、と老は答えた。老翁の言葉として、読人知らずの古歌が引かれている。

みちのくのあこやの松にこがくれて　いづべき月のいでやらぬかな

現在、万松寺の墓地には、実方中将、阿古耶姫、実方の娘中将姫の三基の墓がある。中将姫は父のあとを追ってきて、千歳山で没したといわれる。阿古耶姫や中将姫の墓といわれる古い石には、文字が刻まれていたのかもしれないが、現在判読できない。実方中将の墓は板碑である。風化しているうえに苔がむしており、碑文の判読は難しい。

実方の墓の板碑について、川崎浩良は、これは墓ではなく、供養の地蔵板碑を改ざんしたものとしている。(9)

長徳の「長」字は至徳の「至」字を改ざんし、廿三日の「廿」を「拾」に改刻し、十月を十一月に改め年号両側の干支丁卯を削落し「之忌景也」の上に「五七」の二字あったらしいのを削落した痕跡が歴然として判明する。

実方が死んだのは長徳四年（九九八）十一月十三日であるが、墓碑に刻まれた「長徳四年」が「至徳四年」（一三八七）であったとすると、墓碑の改ざんはそれ以降になる。万松寺にあるのは、実方の墓でも、実方をしのんで立てられた石碑でもないことになる。「口上書」は、実方卿の娘・中将姫がこの地をたずね、亡父をしのび、石碑を建てた。実方卿の御遺骸を納めたかどうかは不分明としている。実方の墓であるとも、実方があこやの松をさがしてこの地に来たとも、主張していない。

『古事談』が記す実方伝説の核は、「みちのくのあこやの松」が出羽国のうちになったことである。『平家物語』にも、これに似た話が記されている。(10)歌は

みちのくのあこ屋の松に木がくれて　いづべき月のいでもやらぬか

となっている。『源平盛衰記』には、塩釜明神である老翁の歌として

みちのくのあこやの松の木高《こだかき》に　出べき月の出やらぬ哉

とある。(11)

『古事談』以外の文献でも取り上げられている点から見て、実方伝説中の他の要素はさておいても、「みちのくのあこやの松」が出羽国のうちにあったことは史実と考えてよいだろう。

みちのくのあこやの所在

それでは「みちのくのあこや」は、出羽国のどこに位置したのであろうか。陸奥国は、はじめ道奥《みちのく》国と呼ばれ

ていた。天武天皇五年（六七四）の詔には、陸奥の名が使われており、陸奥国は大化（六四五）から白雉年間（六五〇―六五四）には成立していたと見られる。『続紀』によれば、和銅元年（七〇八）九月、出羽郡が越後国に所属する郡として設置された。出羽国は和銅五年（七一二）九月に誕生した。当初は、越後国出羽郡が独立した一国一郡であった。翌十月に、陸奥国の最上・置賜の二郡を出羽国に加えている。「みちのくのあこや」の語が意味をもちえたのは、厳密に言えば、七〇八年以前のことになる。『古事記』はまだ成立していない。

平清水一族が出羽国へ下向したのが神亀年間（七二四―七二八）とすると、「みちのくのあこや」の地は、平清水一族が居住した千歳山の南麓平清水の地やその近郷の地と関係がない。

宝暦十二年（一七六二）に、『出羽国風土略記』（以下『略記』）が飽海郡吹浦の鳥海山大物忌・月山両所宮の神職進藤重記によって著されている。[12]「口上書」が出されれから、三十年ほど経ってのことである。『略記』巻四にある記事を、以下に要約する。

羽黒山大権現は『延喜式』神名帳に田川郡伊氐波《いでは》神社とあり、祭神は玉依姫命である。景行天皇二十一年に始まり、皇野《すべの》に祭り、その後、阿古屋《（ママ）》というところに鎮座し、後世になって今の大堂へ移し、本地仏と一つに祭ったのではないか。阿久谷の渓洞をお鎮まりの地とし、三輪神のように本殿なくして供祭を大堂にて行ったものか。阿久谷の上に社があったともいう。阿久谷は本羽黒とも称されたらしく、そこから今の羽黒へ遷座したと見える。阿久谷は羽黒山の東照権現の後にある谷で、秘所と称され、参詣を許されないので詳しい地理を知らない。

進藤重記は阿久谷の詳しい地理を知らなかったようすであるが、いでは文化記念館が所蔵する、文政十三年（一八三〇）の古地図には、その名が見られる。[13]

出羽国の地形は、現在とはかなり違っていたらしい。七〇〇年代から延喜十五年（九一五）にかけて、古くは飽海岳とよばれた鳥海山が活動期に入っており、ひんぱんに噴火が起ったことが知られている。(14)『文徳実録』嘉祥三年十月十六日条には、「出羽国地大いに震い裂け、山谷所を易ふ。圧死するもの多し」とある。明治十七年に編まれた『出羽国風土記』の巻之三は、嘉祥三年（八五〇）以前の地図に記されていた地形を、次のように述べる。（以下、要約）(15)

飽海《あくみ》郡の往古の地形は、女鹿山より飛島まで地続きで、郡の西南に阿古の入り江といい、東西十里南北二十里ばかりの入り江があった。その後数度の大地震があって、地形が変化し、女鹿の地続きも沈没して海となり、その岬であった飛鳥のみが島として残った。阿古の入り海は凸起して砂原となった。現在、酒田より吹浦まで数里の間、足が砂に深く没するのも、その入り海の跡だからである。その後、人々は海水の干潟に居を移したところを、砂潟《さかた》と号したのであろう。これが酒田の地である。飽海村もこれと同じで、阿古海が干潟となった地に人々が住むようになり、阿古海村といっていたが、コとクは通音であるから、転訛して飽海村となり、そこから郡名が出たものであろう。

『出羽国風土記』は旧地形について、ある書に掲げられている嘉祥三年（八五〇）以前の地図によると記すが、その書名を明記していない。旧地形を八五〇年以前の地図から確認できないが、地質図をみると庄内平野は沖積平野であり、かつては潟湖であったことがわかる。(16)

羽黒山は庄内平野の東南縁辺部、最上川支流近くに位置する。標高四一四メートルで、山というより丘陵地帯である。庄内平野が潟湖であった頃は、羽黒丘陵は海辺に沿う低地であっただろう。羽黒山近辺には、阿古の入り江、阿古海、阿古海村→飽海《あくみ》村→飽海郡、飽海岳など、アコヤと関連する名が残る。南から庄内平野へ流入する赤川《あかかわ》は、最上川最長の支流であった。昭和になって流路を変えた赤川新川が完成し、現在は最上川のすぐ南で海に注ぐが、赤川の名もアコと無関係ではないだろう。

これらの名称から推して、阿古屋・阿久谷は、『略記』が記すように、羽黒山近辺にあった可能性が大きい。

三 アコヤで祭られた神

斉明四年（六五八）紀四月条によると、阿倍臣が船軍百八十艘を率いて蝦夷を討伐している。齶田《あぎた》・渟代二郡の蝦夷が降伏を申し出たので、船を齶田浦に連ねた。齶田の蝦夷恩荷は齶田浦の神にかけて、清白な心で朝廷に仕えることを誓った、とある。

斉明五年（六五九）三月に、天皇はふたたび阿倍臣を蝦夷国に遠征させている。

この月に、阿倍臣を遣わして〔名を欠く〕、船軍百八十艘を率いて蝦夷国を討伐させた。阿倍臣は飽田《あきた》・渟《ぬ》代《しろ》二郡の蝦夷二百四十一人、その捕虜三十一人、津軽郡の蝦夷百十二人、その捕虜四人、胆振鉏《いふりさえ》の蝦夷二十人を一ヵ所に集めて、大いに饗応なさり、賜禄があった。そうして船一隻と五色の綵帛《しみのきぬ》とを供えて、その地の神を祭った。

渟代は、現在の能代であろう。飽田・齶田は秋田を指すと考えてよいであろうが、現在の秋田県と同じではない。『和名抄』（九三一―九三八）によれば、出羽国飽海郡は九郷を管郷とし、由利・秋田をふくんだ。斉明天皇の頃は、最上川を越との境として、能代の南から飽海の地までを秋田と称したらしい(17)。

船軍百八十艘を屯させるには、大きな浦でなくてはならない。『出羽国風土記』は、郡の西南に、東西十里南北二十里ばかりの阿古の入り江があったとしている。阿古海と呼ばれたこの入り江は最上川の河口でもあり、船軍百八十艘を充分に擁することができる。斉明四年条と五年条に記される浦とは、阿古海であったと考えてよいであろう。

「船一隻と五色の綵帛とを供えて、その地の神を祭った」とあるから、海河の近くで、その地の神が祭られていたとわかる。『略記』によれば、アコヤは羽黒山の東照権現の後にあった谷とされる。アコヤが古くは海河近くにあったこと、また神祭りがなされた地であったことなどを考え合わせると、斉明紀に記される「その地の神」とは、本羽黒の神ではないか。

斉明四年四月条には、「齶田浦の神にかけて」とある。この地で祭られたのは「浦の神」とされる。「浦の神」とは、海の神である。斉明五年条には「船一隻と五色の綵帛《しみのきぬ》とを供えて、その地の神を祭った」とあった。船を供えたことからも海の神と推定できる。本羽黒の神は、海の神であったのだろうか。

「アコヤ」の名称の由来

真珠の崇敬は、歴史前にさかのぼる。第Ⅰ部第一章でもふれたが、福井県三方郡《みかたぐん》三方町の鳥浜貝塚の約五五〇〇年前の地層から出土した丸木船の舟首部分から、大きな真珠が一個見つかっている。長経十六ミリほどあるこの巨大な真珠は、人々が海の旅の安全を願い、海神にささげて、収められたのであろう。

二〇〇三年夏に、茨城県取手市上高井の縄文時代後期の神明遺跡からは、アワビや鯨の背骨が出土している。貝層とは別に柱穴から見つかっており、漁の成果として特別な意図をもって持ち帰り埋納されたものと推測されている。

対馬の佐賀貝塚は、縄文時代中期から後期の遺跡である。この貝塚では、埋葬された六号人骨の頭部をおおうようにして、大きなアワビが副葬されていた。これらのアワビは大型品がそろっており、潜水漁法で捕ったと推定されている(18)。人体の埋葬にアワビが用いられているのは、宗教的意味合いをもったからであろう。

福岡県宗像郡沖ノ島の祭祀遺跡のうち、六世期末と考えられる八号遺跡から、一・一センチ径の真珠一個が発見されている。宗像三神にまつわる沖ノ島は、古くから航海安全を守る神体島としてあがめられた。『釈日本紀』巻七には、「(先師説きて云ふ)胸肩の神躰は玉なる(の由風土記に見ゆ)」とある。宗像神の神体とされる玉とは、真珠であろう。

『土佐国風土記』逸文は、吾川の郡、玉島の名の由来について次のように記している。

ある伝えでは次のように言う。神功皇后が諸国を巡行なさったときに、お乗りになっておられた船を停泊させて島に下船なさり、磯際で休息なさった時に、一個の白い石を拾われた。角が取れていることは鶏卵のようであった。皇后が手の中に置かれると、光が四方に輝き出た。皇后はとても喜ばれて随行者に「これは海の神がお与えくださった真白の真珠《またま》だ」とおっしゃった。よって嶋の名としているのである。

ここでは真珠と海の神への信仰が結びついている。

沼津市西浦木負《きしょう》字赤崎の海辺の高台には、鮑玉白珠《あわびたましらたま》比咩命《ひめのみこと》神社という神社が祭られている。『延喜式』神名帳にその名が記載されている神社である。祭られる女神は、アワビ玉しらたま(＝真珠)のイメージをもつ。この地域は、古くから真珠と深いかかわりがあったと考えられる。戦後十数年ほどの時期、この地区の海では真珠養殖が盛んであった(19)。一説では、赤崎はアコヤ＋サキ(岬)がつづまった音とされる(20)。この地には、縄文時代から弥生後期までの遺跡、さらに後期古墳時代の祭祀遺跡もある。赤崎突端の高みには、竜宮さんの石祠がもうけ

られており、木負の漁師によって大漁を祈る神としてあがめられてきた。(21)

アコヤ貝は、現在、真珠養殖が主体であるが、その貝柱は珍味とされる。あまり食用に活用されないが、昔から滋養強壮の薬として珍重された。日本では、主に南日本の縄文・弥生時代の貝塚から貝殻が出土する。宿毛貝塚（高知県宿毛市：後期縄文）では、九ミリ×七ミリ、重さ〇・五五グラムの真珠が見つかっている。また平城貝塚（愛媛県南宇和郡御荘町：後期縄文）では、アコヤ貝が発掘されている。食用にする過程で、天然真珠が見つかることがあったであろう。

昭和五十四年に、太安麻呂の墓が奈良市此瀬町で発見された。安麻呂は元明天皇の命で『古事記』を編み、『日本書紀』の撰にも参加したとされる。七二三年没であるが、その墓から四粒の真珠が発見された。鑑定の結果、優良なアコヤ貝から採ったもので、風化しているが、直径五ミリ以上の真円の大粒真珠であったらしいとされる。産地は伊勢、志摩付近であろうと報道された。

『万葉集』では、真珠は「たま」「しらたま」「あわびしらたま」とよばれる。「玉に寄する」と題される一連の歌（一二九九―一三〇三）（一三一七―一三二七）は、真珠が海神の愛でる娘として敬われたことを示す。

海神《わたつみ》の　手に巻き持てる　玉ゆえに　磯の浦廻《うらみ》に潜《かづ》きするかも（一三〇一）

海神の　持てる白玉　見まく欲り　千度《ちたび》ぞ告《の》りし　潜《かづ》きする海人《あま》は（一三〇二）

「海神がもっている真珠のために、水に潜っている」を意味するこれらの歌は、恋する男性が、親の秘蔵する女性を手に入れる苦心を歌ったものである。ここでは真珠は海神の秘蔵するものとして、親の秘蔵する娘にたとえられている。妻問い婚の時代、親は母親を意味するから、海神は女神として想定されている。

大き海の　水底《みなそこ》照らし　沈く玉　斎《いは》ひて取らむ　風な吹きそね（一三一九）

「イハフ」は宗教的行為を行うことを意味する。この歌からは、古代の海人が、真珠を採るに際して、祈りをとなえたようすがうかがわれる。海神に玉を授けてくださるように願って祈ったのであろう。

大伴家持は七四七年から七五一年にかけて越中守として赴任しているが、その間に詠んだ次のような長歌がある。

珠《す》洲《ず》の海人の　沖つ御神に　い渡りて　潜《かづ》き取るといふ　あはび玉……（四一〇一）

能登半島の現在珠洲市の沖に七つの島がある。そのさらに沖の舳《へ》倉《くら》島には、式内社奥《おき》津《つ》比《ひ》咩《め》神社が祭られている。珠洲の海人がその島に渡って真珠を採るという。島で祭られている神は、オキ（＝沖）＋ツ（＝の）＋ヒメ（＝姫）と呼ばれる。海の沖の神とは、海神であろう。その神は姫神とされる。真珠は、その神からの授かりものとされたのであろう。家持の時代、海神を姫神とする信仰が越にあったことを示す。

真珠はアワビやアコヤ貝を母貝とする。巻貝のアワビより、二枚貝のアコヤ貝のほうが真珠を産しやすい。それにもかかわらず、『万葉集』中、真珠を詠んだ数多い歌にアワビの名は見られても、アコヤの名称は用いられていない。

アコヤの語源について、『大言海』は二つの説をあげる。

（1）『日本山海名物図会』の説――『和名抄』にみえる「智多郡英比郷」、『延喜式』神名帳にみえる「知多郡、阿《あ》久《く》比《ひ》神社（のちの阿《あ》古《ご》居《ゐ》の荘）」を引いて、アコヤ貝をここで多く産したのでその名をとったとする。

（2）『倭訓栞』の説――「あこやのたま」の「あこ」は「吾子」で、愛するの意、「や」は呼びかけの辞で、「あこや」を女性への呼びかけの言葉とする。(22)

アコヤは地名に由来するのか。それとも愛する女性への呼びかけが地名となったのか。地名が由来もなく付けられたとは考え難い。真珠を海神の娘とする信仰が古くからあったとすると、土地より先に、真珠に名が付けられたのではなかろうか。

ヤは呼びかけの辞ではなく、アコを宿す「屋」「家」の意味と考えられる。『万葉集』において、アコは我が子をはじめ、年少のものに対して親しく呼びかける語である。(23) 海神を奉じた人々は、海神の愛する子とされる真珠をアコと呼び、いとおしんだのではないか。そのアコを宿す母貝アコヤは、海神を象徴する。

「みちのくのあこや」は本羽黒で祭られた神で、海の神であったと推測される。

あこやの松

松は岩場、島、浜辺を本来の生育地とした。(24) 日本海の小島に松が生育していたことが、『出雲国風土記』に記されている。粟島、千酌《ちくみ》の浜、御豆振《おつふり》の崎など、合計三十四ヵ所の浜・崎・小島に松が生育しているとある。浜辺や小島での生育条件は、松以外の他の植物には過酷すぎるので、現在も、ほんのわずかな種類の植物が松とともに生育しているに過ぎない。

『常陸国風土記』には、香島郡の項に松についての記事が多い。卜部たちの居住地である嶺の頂きに生い茂る松竹、高松の浜から若松の浜まで三十里に連なる松林、浜の里の東にある松山、その南にある童子の松原と、数多く記されている。若松の松山については、香島の神山なので、容易に松を伐ったり鉄を掘ったりすることができない、とある。

『万葉集』には、松の歌が七十七首ある。生育地を見ると、浜辺二十三首、山十三首、野九首、崖三首、島二首で、これら以外は、生育地がどこなのかわからない。

風土記や『万葉集』は、浜辺に生える松が人々の生活の近くあったようすを写している。松は彼らに親しまれ、同時に敬われていた。荒れた浜などに、他の樹木に先駆けて根を下ろし生育する松に対し、古代の人々は尊敬の念をいだいたのであろう。

また、浜辺に生える松は海から命をもらっているようにも見えたであろうか。『常陸国風土記』の高松の浜についての記事には、次のようにある。

郡の東二、三里のところに、高松の浜がある。大海が流し送ってきた砂と貝が、積もり積もって高い丘となり、松の林が自然にできている。

海が送ってくれた砂と貝が積もってできた丘に生える松。松は海からの贈り物であることを、彼らは知っていた。海辺に生活する人々にとって、松は手近な船材でもあれば、造船用の工具を作るための燃料でもあっただろう。しかし、彼らは樹木をやみくもに伐ったのではない。七四八年に大伴家持が詠んだ、次のような歌がある。

とぶさ立て　船木《ふなき》伐るといふ　能登の島山　今日見れば　木立繁《しげ》しも　幾代神《いくよかむ》びそ（万四〇二六）

「とぶさ」は枝葉の茂った梢である。木を伐った後、切り株の上にとぶさを立てる風習があった。能登の島山の木々が何の木であったのかわからないが、浜辺の木々であるから、松も多かったであろう。「神びそ」は、「神さぶ」と同じ意味である。「さぶ」は、「そのものにふさわしい様子をする・行為をする」を意味する。島山の木々が「神々しい」とされている。神の依り代である木を船木としていただくのだから、神に感謝して「とぶさ」を立てるのであろう。家持の歌は、天平時代に越の国で、船木にされる木々を神木と見なす心情があったことを示す。

木々の中でも、海が育てた土地に生える木である松は、海神が与える木と思われたであろう。その松を依り代として、神が降ると考えた。

大阪の天王寺駅前から住吉公園までを走る路面電車上町線には、「神ノ木」という駅がある。住吉大社では松の木を神木としており、近くに明治二十年頃まで樹齢千年余の松の大木があったことから付けられた駅名と伝えられる。

寛政六年（一七九四）発行とされる『住吉名勝図会』には、住吉大社の摂社・立聞社《たちぎきのやしろ》（別名長岡社）について、次のような記事がある。(25)

立聞は立木なり。当社の神主、大神へはじめて出仕のとき、まず住江殿に入り、殿の前に松樹を植ゆ。これを立木の松といふ。この事当社の秘事なるよし。この神木を祝ひ奉る御社なれば、その名を呼びて立木社《たちきのやしろ》といふなるべし。

長岡神の名は、住吉大社に伝えられる『大社記』に見受けられる。この文書末に書かれた年紀のうち、摂津職認判は延暦八年（七八九）である。『住吉名勝図会』に記される神事は、この頃から住吉大社内で行われていたものであろうか。

住吉大社で松が神木としてあがめられたようすが、関白太政大臣でもあった藤原忠道（一〇九七－一一六四）の歌からうかがわれる。

波たてば　白ゆふかくる　すみ吉の　松こそ神の　榊なりけれ(26)

住吉の松こそ榊＝神木である、とされている。同じ忠道の歌に

めづらしき　御幸にゆづれ　住吉の　神のままなる　松の千歳を(27)

とあり、神事を政治権力のもとに置こうとする意図があらわである。

実方伝説では、「あこやの松」は一本と見なされているようである。『略記』は阿古谷に「千枝に繁りたる松多くあり」とし、「みちのくのあこやの松にこかくれて」と古歌にある松は、その松を指すとする。「あこやの松」は一本の銘木なのか、それとも多くの松なのであろうか。

先に引用した「すみ吉の松」の歌には、「すみ吉の　松こそ神の　榊なりけれ」とあった。ここでいう「すみ吉の松」とは、一本の松ではないであろう。美しい姿の松がとくに尊ばれたことはあっても、住吉に生える多数の松が「すみ吉の松」と呼ばれ、神木と見なされたと思われる。「あこやの松」も同様に、松そのものが神の依り代と見なされたのではないか。

「みちのくのあこや」は本羽黒で祭られた海神とすると、「あこやの松」とは、その神の依り代であったと考えられる。

四　あこやを奉じた人々

先に述べたように、『日本書紀』に斉明天皇が蝦夷国を討たせた記事がある。四年条に「伐二蝦夷一」、五年条に「討二蝦夷国一」とあり、はむかう者を攻め討つニュアンスを含んでいる。しかし、四年条には「蝦夷たちを集めて、大いに饗応して」、五年条には「(蝦夷たちを)集めて、大いに饗応なさり、賜禄があった」とあり、朝廷側の一方的な討伐というより、和平を結ぶための遠征と見なすほうが正しいであろう。

遠征の目的は、交易でもあれば、倭国が異俗の民を朝貢国として従える小帝国であることを唐に示すためでもあったらしい。五年三月に蝦夷国に遠征軍を派遣した斉明は、同年七月に津守連吉祥を遣唐副使として唐に遣わしている。(28) 唐帝に拝謁した吉祥は、同行した男女二人の道奥の蝦夷を帝に見せている。

斉明紀五年条は、阿倍臣が供え物をして、その地の浦の神を祭ったとする。阿倍臣は斉明天皇に遣わされているから、天皇の名代として、その地の神を祭る意味合いがある。それは友好政策上の表敬に過ぎなかったのであろうか。それとも道奥の浦の神は、斉明天皇が奉じる神であったのだろうか。

前者は確かであろうが、後者の可能性も否めない。二〇〇〇年二月に飛鳥で発見された大型亀型石造物とそれを据える石敷遺構は、斉明天皇が築造させたと推定されている。花崗岩の石塊を成形して亀の形を彫ったもので、全長約二・四メートル、幅二メートルあり、水槽状に加工されている。斉明は、亀の文化に属した人物と考えてよいだろう。斉明の祖父押坂彦人大兄皇子《おしさかひこひとのおおえのみこ》の母は、息長真手王《おきながまてのおおきみ》の娘広姫であった。斉明は息長一族の血を引いている。息長一族の先祖をさかのぼると、第I部第一章で述べたように、シマコに擬されたヒコイマスにたどり着く。斉明は海の神＝浦の神を祭る一族であったのではないか。

『記』は、阿倍臣の始祖を孝元天皇の子・大彦命とする。大彦命はヒコイマスの父・開化天皇の兄に当るから、阿倍臣は息長一族と血縁で、斉明とつながる。大彦命は、『記』によれば、崇神天皇によって越（『紀』は北陸《くぬがのみち》）に遣わされている。『紀』は大彦命を、阿倍臣ほか、膳臣《かしわでのおみ》、越国造《こしのくにのみやつこ》らの始祖とする。阿倍臣と越の首長とは同族である。

開化天皇の異母兄弟・彦太忍信《ひこふつおしのまこと》命は、『大社記』中の「船木等本記」の系図にその名を現す。『大社記』では船木連と津守氏の系図上のつながりは絶たれているが、オキナガタラシヒメのとき、船木遠祖と津守遠祖が大禰宜として相交わったとある。彼らは同族で、同じ神を祭ったと推定できる。阿倍臣が供え物をして祭った道奥の浦の神とは、オキナガタラシヒメがスミノエで祭ったとされる神と同じ神であったのではないか。

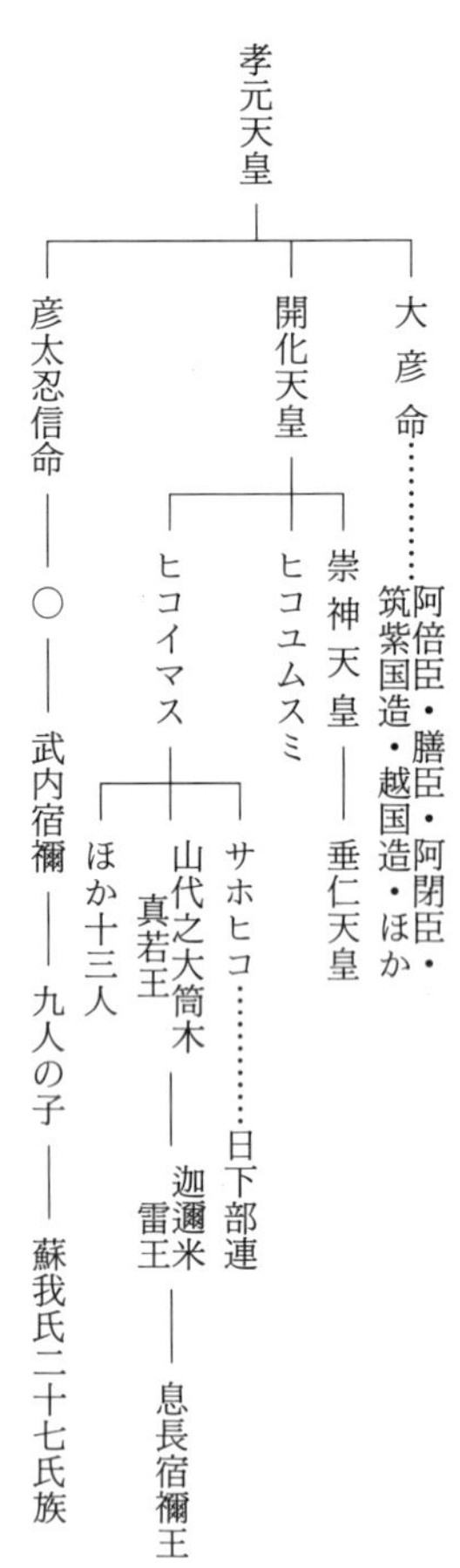

出羽が郡として越後国に属したことから推して、この地の文化が越とまったく異俗・異相であったとは考えがたい。宮城・山形両県の大半と新潟県北部は蝦夷居住域の南部に当るが、基本的に倭人文化と同質であったと考えられる(29)。山形県東田川郡羽黒町大字玉川から発掘された玉川縄文遺跡からは、緑色をした翡翠の玉類が数多く出土している。近年の科学的分析によって、新潟県糸魚川上流が原産地であることが判明している(30)。玉川から糸魚川まで、直線距離にして約三〇〇キロメートルある。縄文時代から、両地域にまたがる広範囲な交易や交流があったことを物語る。斉明天皇は五年三月に蝦夷国へ遠征団を送る前に、道奥と越との蝦夷を甘梼丘《あまかしのおか》で饗応したとある。蝦夷が陸奥と越に居住したように、倭人たちも両国に住みついていたであろう。

先の系図に名を見せる武内宿禰は、景行、成務、仲哀、応神、仁徳の五代の天皇に仕えたとされる伝承的人物である。景行紀二十五年七月条によれば、武内宿禰は北陸と東方の諸国に派遣されている。東国より戻ったのが二十七年二月とされるから、おおよそ一年半、その地に留まったことになる。

かなり長期に留まったこの地域で、武内宿禰は何らかの影響を残したであろう。神功皇后摂政紀十三年条によれば、皇后は武内宿禰に命じて、太子（後の応神天皇）に従わせて、越国の角鹿の笥飯《けひ》大神を参拝させている。越国の神がオキナガタラシヒメの祭る神であったとすると、隣接する陸奥南部で同じ神が祭られたとの推定は、さほど的外れではないだろう。

五　消えたあこや、ふたたび

消えたあこや

『万葉集』では、真珠がたびたび歌われているが、アコヤの名は用いられず、「たま」「しらたま」「あわびしらたま」と呼ばれている。

伊勢の海の　あまの島津が　あはび玉　取りて後もか　恋のしげけむ（一三二二）

この万葉歌中の「あはび玉」が、平安時代中期になった『古今和歌六帖』[31]では「アコヤ玉」に名を変える。

伊勢の海の　あまのしわざの　あこやたま　とりての後も　こひのしげけん（一七六九）

万葉歌中の「あはび玉」が『古今和歌六帖』で「あこやたま」に転じているのは、アワビ玉は真珠の通称で、『万葉集』がアワビ玉と呼ぶもののなかに、アコヤ玉も含まれていたためかと考えられる。

アコヤの名を用いないのは、『万葉集』のみでない。『古今和歌六帖』よりやや早く、九〇五年、または九一四年頃の成立とされる勅撰『古今和歌集』には、「白玉」を用いる句が五首ある。[32]いずれも涙や滝のしずくを真珠にたとえているが、アコヤの名は見られない。

『万葉集』からは、白玉と呼んだ真珠を人々が身につけたようすがうかがわれる。

白玉を　巻きて持ちたる　今よりは　我が玉にせむ　知れる時だに（二四四六）

白玉を　包みて遣らば　あやめぐさ　花橘に　合へも貫《ぬ》くがね（四一〇二）

二首目は大伴家持作であるが、留守宅の妻に真珠を届けたら、あやめ草や花橘に交ぜて縵《かずら》にすることだろう、の意である。真珠を手に巻くばかりでなく、髪飾りにしたようすがうかがわれる。海神の乙女とされる真珠を身につけることは、護符として宗教的意味合いをもっただろう。

　しかし、平安時代に入ると、貴族たちでさえ真珠で身を飾ったようすがない。真珠は平安朝から装身具として機能しなくなったように見える。他方、正倉院宝物真珠は、その数四千百五十八個におよぶ。調査の結果、聖武天皇（在位七二四―七四八）の身の回り品として、一二〇〇年から一三〇〇年前にかけて採取されたアコヤ貝真珠であることが判明している[33]。

　なぜ、アコヤの名称は万葉時代に用いられないのだろうか。アワビに比べ、アコヤのほうが真珠を産しやすい。約四千二百個にも及ぶ真珠を採った貝がどのような貝なのかを知らなかったとは考えられない。またその貝に、名前がなかったとも考え難い。『万葉集』では信仰の対象ともされた真珠であるが、正倉院の宝物真珠からは、王権の顕示がうかがわれる。このような変化は、何に起因するのだろうか。

『古事記』の海幸彦・山幸彦の説話では、山幸彦は海神の宮に行き、その娘豊玉姫と結ばれる。豊玉姫は出産のとき、山幸彦のところに来て出産する。わにである姿を山幸彦に見られた豊玉姫は、恥じて国に帰ってしまうが、子どもの養育のため、妹の玉依《たまより》姫を送る。豊玉姫の産んだ子がウガヤフキアエズノミコトで、ウガヤフキアエズと玉依姫が結

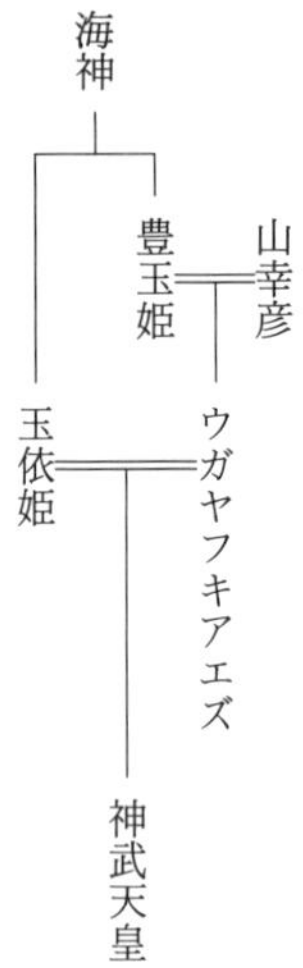

ばれて、そのあいだに生れる子を神武天皇とする。

この神統図・皇統図によって、玉依姫は初代天皇の母、豊玉姫は初代天皇の祖母でもあれば、叔母でもあることになる。豊玉姫と玉依姫は海神の娘とされるから、当時の思想を背景にすれば、真珠である。豊玉姫が初代天皇の祖母、玉依姫は母とされた時点で、玉は海神を奉じる一族の手を離れたと考えられる。

『延喜式』内蔵寮の諸国年料供進のところに、志摩国からは白玉一千丸とあり、平安時代には志摩一国だけでも真珠千粒を朝廷に具進していたことが知られている。真珠が採られなくなったのではない。『記』『紀』が作り出した神統図・皇統図の成立によって、天皇家の先祖とされる玉を「愛する子」と呼ぶなど不敬とされ、真珠は天皇家に属するものとして、一般人が身に付けることは許されなくなったのであろう。

忘れられたあこやの松

「みちのくのあこや」は本羽黒で祭られた海の神とすると、「あこやの松」とは、その神の依り代であったと考えられる。『古事談』が記す実方伝説によれば、一条天皇（九八六―一〇一一）の時代に、「みちのくのあこやの松」の名称は歌枕として知られていたが、どこに所在するのか、何をさすのかは、忘れられていたことを示している。

『古事記』成立前、羽黒山近辺に海の神を奉じる信仰形態が存在したことが、斉明天皇紀などから想定できた。しかし奈良時代から平安中期まで、羽黒山の祭祀についての記録は残っていない。

出羽三山神社と羽黒山荒沢寺には、『羽黒山縁起』が伝えられる。永治元年（一一四一）に一覚光明大阿闍利《だいあじゃり》山城法印英忠《えいちゅう》がしたためたものを、寛永二十一年（一六四四）に羽黒山別当の天宥が書写したという奥書をもつ。

これによると、羽黒山に修験道場を開き、次いで月山と湯殿山を開いたのは、崇峻天皇第三子皇子の参払理大臣であるが、人の苦しみを能く取り除いたので「能除太子」と呼ばれたとされる。(34) しかし能除太子の羽黒山開基については、六、七世紀の史料が欠けていて確かめるすべがなく、歴史的事実と決めがたい。

『延喜式』神名帳に記される、出羽国の式内社は次のとおりである。

飽海郡　大物忌《おおものいみ》神社名神大社　小物忌《おものいみ》神社　月山神社名神大社
田川郡　遠賀《おか》神社　由豆佐売《ゆずさめ》神社　伊氏波《いでは》神社
平賀郡　鹽湯彦《しおゆひこ》神社　波宇志別《はうしわけ》神社
山本郡　副川《そえかわ》神社

平賀・山本の両郡は横手盆地、飽海郡三座と田川郡三座は庄内平野に位置する。内陸には皆無で、出羽の九座中、六座が庄内に所在する。この地に出羽国の神事の中心があったことを思わせる。月山神が月山に祭られたのは明白であるが、月山神社と同様に名神大社とされる大物忌神社がどういう神を祭るのか明らかでない。『三代実録』貞観十三年（八七一）条には、大物忌神の社が飽海郡の高山山上にあることが記されている。(35) 飽海郡に所在する、月山以外の高山といえば鳥海山かと思われるが、「鳥海山の神」という表現は見られない。伊氏波神は出羽国の出羽《いでは》に通じ、羽黒山の祭神であるとの見方が強いが、充分に裏付けられていない。(36)

『新抄格勅符抄』巻十「神事諸家封戸」に、宝亀四年（七七三）に月山神が封二戸を与えられたことが記されている。(37) 『三代実録』貞観六年（八六四）条には、「出羽国の正四位上勲六等月山神に従三位、正四位下勲五等大物忌神に正四位を授く」とあって、月山神が大物忌神より上位にあったことがわかる。しかし、羽黒山の祭祀についての言及は、朝廷の神事行政に関する記録にまったく見られないのである。

あこや、ふたたび

源顕仲（一〇四三―一一二二）作の歌に、「おぼつかな　いざいにしへの　こととはむ　あこやの松と　ものがたりして」[38]がある。歌枕「あこやの松」が、顕仲の時代には知られていたことがわかる。「あこやの松と話をして、おぼつかないいにしえのことを問うてみよう」という趣旨のこの歌は、あこやの松にまつわる事情がいにしえからあることを含ませているとも思われる。

「みちのくのあこやの松にこがくれて　いづべき月のいでやらぬかな」という歌を引く『古事談』[39]の成立は、一二〇〇年代初めである。時代の設定は一条天皇（九八六―一〇一一）のときになっている。

実方伝説は「みちのくのあこや」の所在が、平安中期には都の貴族たちに忘れられていた事実を示すと同時に、平安中期になって「アコヤ」の名が取り沙汰されるようになったことをも示唆する。

先にも記したように、『万葉集』『古今集』では用いられなかったアコヤの名が、『古今和歌六帖』に現れる。一〇六〇頃なった『新猿楽記』は、商人たちの親方・八郎真人《まふと》が取り扱った商品の名をあげている[40]。金、銀、琥珀、絹などの中に、「阿古夜玉」が含まれる。平安中期になると、真珠はアコヤ玉とよばれて流通していたことがわかる。古くはアワビから採られた真珠が、西暦一千年頃になって、突如、アコヤから採られるようになったのではないだろう。アコヤの名称使用に対する禁圧が解かれたのではないか。この禁圧を解いたのは、何であったのだろうか。

聖武天皇（七二四―七四九）は、仏教興隆政策をとった。仏と神は対立的関係にはなく、矛盾することなく、祈願の対象として同じ機能をもつとした。七四九年四月、天皇は東大寺を拝し、三宝（仏・法・僧）の奴と自称する。同年七月、聖武は孝謙天皇に譲位する。

孝謙天皇は即位後、一度譲位するが、七六四年に重祚して称徳天皇となると、仏法興隆の宣命を出す。神祇を三宝の下におくとする詔勅の発布によって、三宝を「上」、神祇を「下」とする神仏習合（仏主・神従）が強制される。平安中期になると、これが本地垂迹的な発想として明確になっていく。仏が仮の姿をとって現れたのが神だという考え方である。平安後期には、伊勢内宮の本地が大日如来とか、八幡神は阿弥陀如来の垂迹など、本地仏が設定される。

日本の神が仏の化身にしか過ぎないとなれば、海神の信仰が朝廷の神事行政をおびやかす危険は失われる。アコヤの語源も、次第に人々の記憶から薄れていったであろう。

これに加えて、九二七年には『延喜式』が撰進され、九六七年に施行になっている。律令の施行細則であるが、その「神名帳」は天皇の名で行う祈年祭行事の際、供物を下賜する三一三二座の神々の一覧である。伊勢神宮を頂点として、神社を官幣社（名神大社、大社、小社）と国幣社（大社、小社）に序列体系化している。これによって、全国の神社の位置付けがなされた。「神名帳」に記されない神社は朝廷からの認可がないわけで、保護を受けられないばかりでなく、社領なども認められなかったであろう。

本地垂迹説の定着によって、日本の神は完全に仏教のもとに置かれた。また『延喜式』の施行によって、神事は朝廷の統制下におさまる。平安中期以降になると、あこや玉を神の依り代として敬う信仰形態、およびその信仰をいだく一族が、朝廷の権威をおびやかす存在ではなくなったであろう。

六　隠れたあこや

古歌「みちのくの　あこやの松に　こがくれて　いづべき月の　いでやらぬかな」の主意は、月が隠れたのを歎くのではなく、月をも隠すほどの、あこやの松を称えることであろう。しかし、あこやが信仰の対象であったとすると、ただ自然の美しさを称えるだけの歌であったとは考え難い。

『延喜式』神名帳は大物忌神社と月山神社を出羽国の名神大社とするが、浦の神や羽黒山については何も述べていない。伊氏波神は羽黒山の祭神とする見方が強いが、充分な裏付けがない。たとえ伊氏波神が羽黒山の祭神であったとしても、名神大社とはされず、月山神の下に置かれている。

「みちのくのあこやの松」という語が意味を失ったのは、出羽が越後国に属す郡とされた七〇八年以降である。七一二年には、『古事記』が成立し、出羽国が誕生する。『記』では、太陽神アマテラスと並んで、月神と思われる月読命《つくよみのみこと》が誕生している。しかし「あこや」については、何の言及もない。古歌は、「みちのくのあこやの松」という歌枕が意味をもった七〇八年以前においては、月神はあこやの神の後に隠れる存在であったことを含むのではないか。古歌の作者は、あこやの神を奉じた一族の子孫であったのかもしれない。

あこやの神を奉じた人々は、その神の奉祭が禁じられると、どうしたのであろうか。信じる神をおおやけに祭れなくなったとしても、彼らはその神を忘れてしまいはしなかったであろう。何らかの隠れた形で、信仰を守りつづけたのではなかろうか。

そこで注意を引くのが、庄内平野近辺だけみても、虚空蔵の名にちなむところが多いことである。

＊ 鶴岡市の金峰山近く、大字中山と大字少連寺に二つの虚空蔵山がある。中山の虚空蔵山近くを虚空蔵川が流れる。

＊ 月山の北側中腹の立川町には虚空蔵岳がある。立川町三ヶ沢は虚空蔵堂を鎮守とした。明治の廃仏毀釈により御嶽神社と改名するが、この村はたびたび干害に苦しみ、虚空蔵菩薩を祭って、水利を祈願したと伝えられる。(41)

＊ 月山の西側中腹の朝日村大網には、湯殿山総本寺と号する大日坊が位置する。大日坊は通称で、正しい寺名は湯殿山瀧水《りゅうすい》寺金剛院である。大同二年（八〇七）弘法大師による開山と伝えられる。明治初年の神仏分離に際して真言宗の仏寺として存続したため、湯殿山の祭祀権と寺領を失った。(42) 本尊は大日如来であるが、虚空蔵菩薩を並んで祭る。

＊ 羽黒町細谷の皇大神社は、廃仏毀釈後にその名が付けられたが、それ以前は虚空蔵堂と号し、本尊を福一満虚空蔵大菩薩とした。寛文十二年（一六七二）には、明星山宝蔵寺という寺山号を与えられている。(43)宝蔵寺の虚空蔵菩薩は座木造で、左手に宝珠、右手に剣をもつ。光背には寛保元年（一七四一）の記年銘が朱書されている。(44)

このように、出羽三山周辺には、虚空蔵菩薩崇拝のあとが色濃い。虚空蔵信仰は修験者によって伝播されたが、修験道に収束される以前から奉じられた菩薩である。その像は、左手に宝珠をもつ姿が一般的である。それは如意宝珠とされる真珠を象るものであろう。七六五年に称徳天皇が出した仏法興隆の宣命により、神祇が三宝の下に置かれ、仏主・神従が強制されたときに、海の神を奉じた人々は、虚空蔵菩薩を海神の本地として仰いだのではないか。虚空蔵菩薩は隠されたあこやの姿で、このような形で海神信仰が守られつづけたのではなかろうか。

出羽三山の虚空蔵信仰には、水とのつながりがみられる。
＊　大日坊の寺名瀧水寺は、水と無縁ではない。
＊　立川町三ヶ沢の虚空蔵堂は、水利を祈願したと伝えられる。
＊　同じ立川町肝煎《きもいり》の皇大神社は神仏分離令後の名であるが、本殿にはかつての祭神雨宝童子が祭られる。(45)
＊　宝蔵寺にも、虚空蔵菩薩の他に、胎蔵界大日如来像と、雨宝童子像が収蔵されている。

雨宝童子は虚空蔵菩薩の化身とされるが、雨を与える神であり、水の神である。伊勢金剛証寺・桑名徳蓮寺などで、虚空蔵寺院執行の雨乞いのさい、雨宝童子が、弘法大師の「大雲輪請雨経」勤修とともに説かれたことが知られている。(46)『丹後国風土記』浦島伝では、亀姫に仕える童子としてあめふり星が登場したことを思い起させる。

虚空蔵菩薩の化身は、明星とされる。近くに二つの虚空蔵山をひかえる金峰山の玉泉坊という修験の宅中には、明星水という池があったという。(47)虚空蔵菩薩は、水ばかりでなく、明星とのつながりをもつ。『丹後国風土記』浦島伝では、亀姫は明星に擬せられていた。

宝蔵寺の雨宝童子はお多賀様と仰がれ、神社の背後にそびえる多賀ノ峰のいただきに鎮まるとされる。昔の人々は、お伊勢参りをした足で多賀ノ峰に足をのばし、そこに鎮座する多賀の宮を拝まなければ、お伊勢様にお参りをしたことにならないと言い伝えたそうである。また、「伊勢に七度《ななたび》　熊野に三度　お多賀様には　月参り」という民謡が、早くから唄い継がれていたという。(48)

社にではなく、峰に神が鎮まるとする信仰は、虚空蔵菩薩信仰よりずっと時代をさかのぼる。その神が、お多賀様と呼ばれている。人間を超える大いなる存在がウカ・ウケ・タカ・タケと呼ばれた可能性について、『丹後国風土記』浦島伝に関連して述べた。お多賀様参りは、神という語が生れる以前の信仰の形をとどめていると考えられる。

「伊勢に七度」「お多賀様には月参り」とする先の民謡は、伊勢は遠方で、お多賀様が近辺の神であるから「月参り」なのであろうか。そうではなく、ウカ・ウケ・タカ・タケと呼ぶ神を至高神とする信仰の痕跡と考えることもできる。

結び

本書第I部では、『丹後国風土記』、『日本書紀』、『万葉集』それぞれに記される浦島伝説を取り上げた。『丹後国風土記』浦島伝の主人公シマコは日下部の首《おびと》らの先祖とされ、ヒコイマスを暗示している。話に登場する神女は海神で、亀や金星や真珠のイメージをもつ。ヒコイマスの子孫とされる丹波の一族が、この女神を奉じていた史実が背後にあると考えられる。『丹後国風土記』浦島伝は雄略朝との関連で記されており、登場する神女は、後に伊勢神宮外宮で祭られるようになった豊受大神のもとの姿であろう。神女との出会いから三百年余りして、シマコが玉手箱を開き、神女とのつながりを失ってしまうという筋書は、その神の奉斎が丹波で許されなくなった事実を暗示すると思われた。

『日本書紀』雄略二十二年条に記される浦島伝では、この神女は消えてしまい、単なる昔話になっている。馬養の書いた浦島伝を知っているようすであるから、『紀』は意図的に神女を省いたと考えられる。『紀』の編さん者、また、それを編さんさせた大和政権の実権者は、丹波の一族が奉じる女神を神と認めないのであろう。

万葉歌浦島伝の場所の設定は丹後半島ではなく、スミノエになっている。この話には、神女が登場する。その神女は、住吉大社が元来祭っていた姫神のことと考えられる。『丹後国風土記』浦島伝と同じ主人公シマコが結ばれるとされる神女は、『丹後国風土記』浦島伝に登場する神女と同じ神であろう。シマコが神女とのつながりを失ってしまうという万葉歌浦島伝の筋書は、スミノエの一族がその奉じる神を失っていった歴史的事実を背景にすると思われる。

万葉歌浦島伝も『丹後国風土記』浦島伝も、神女が登場するという意味では、「浦島伝」というより、神話と呼ぶほうが正しい。万葉歌浦島伝に登場する神女は、亀のイメージや金星とのつながりを失っている。万葉歌浦島伝が書かれた時点で、そのような神を祭ることが許されなくなっていたのであろう。その代わりとして祭るべく朝廷が与えたのが、住吉大神であったと考えられる。

こういった史実を伝説から抽出できるのかという問に対して、二点をあげることができる。一つは、古代において神話・伝説と歴史的叙述とのあいだには、現代ほど明確な線が引かれていなかった。そのよい例が、『記』『紀』である。大和政権が編さんした歴史書でありながら、神代についての記述が大きな部分を占めている。第二に、大和政権による中央集権が進むなか、政権とともに神事権を失った豪族は、自分たちの信じる神をそうやすやすと手放さなかった違いない。隠れた形で、その信仰を後世にとどめようとしたであろう。

第II部では、三つの浦島伝の考察から導いた推論の傍証を、三側面から取り上げた。第一章では、古代の人々の目に金星がどのように映ったかを、浦島伝以外の史実・史料から考証した。『続紀』には金星に関して多数の言及があり、他の星と比べて、太白が異常に注目を浴びていることを示す。それらは天皇や国家に関する占文の天文現象部分の記録であるから、金星が政治との関連において捉えられていることが明白である。

『続紀』では、金星は凶兆として恐れられる星であるが、『万葉集』では、金星は人々の日常生活の近くにあって親しまれ、朝をもたらす偉大な星として敬われている。神楽歌などからも、金星が信仰の対象であった可能性がうかがわれる。

第二章「その一」では、『壱岐香椎聖母宮縁起』を取り上げた。この縁起は、壱岐において聖なる母神がまつられたことを示す。その母神は後に朝廷によって住吉大神の名を与えられたと考えられる。縁起において、住吉大神は明星として月神と太陽神の娘を伴って、姿を現す。住吉大神が明星神であった痕跡を残している。

第二章「その二」では、この住吉大神が対馬の豆酘浦の浦主であったとする『聖母宮縁起』の記述の真偽を検証した。確証はないが、江戸時代の史料や地名から推測して、ありえないことではないと判明する。

『丹後国風土記』逸文浦島伝と万葉歌浦島伝との考察から、住吉大神＝豊受大神という推測が導き出された。『丹後国風土記』逸文浦島伝の神女は、明星として描かれていた。朝廷が姓を与えることによって同族の人々を分断し、それぞれに異なる神を祖神《おやがみ》として配分する以前は、丹波、壱岐、対馬は、同じ神を奉じていた可能性がある。

第II部第三章では、阿古耶姫伝説の主題である「みちのくのあこやの松」の所在地を巡って、考察した。「みちのくのあこや」の語が意味をもちえたのは、出羽国が置かれた七〇八年以前のことになる。「あこや」は、真珠もしくはその母貝を意味するが、古代において、真珠は海神の娘とされた。『古事記』成立以前に、「みちのく」で「あこや」と呼ばれ、崇められた神があった可能性がある。

『日本書紀』に記される陸奥の浦の神は、斉明天皇が奉じた神であったと考えられる。斉明は息長一族の血を引いている。息長一族の先祖をさかのぼると、シマコに擬されたヒコイマスにたどり着く。シマコが奉じた神と同じ神を、この地の人々も奉じていたと思われる。

しかし、実方伝説によれば、一条天皇（九八六―一〇一一）の時代になると、「みちのくのあこやの松」の所在は不明になっている。「あこや」の名称は『万葉集』には用いられていない。また平安時代に入ると、天皇家以外のものにとっては、真珠は装身具として機能しなくなったように見える。それは、『日本書紀』浦島伝から海神の娘とされる神女が姿を消す現象と一致する。「あこや」がふたたび姿を現すのは、本地垂迹説が定着し、『延喜式』の施行によって、神事が完全に朝廷の統制下に治められた後である。

〔資　料〕

1　『丹後国風土記』浦島伝

読み下し文

（丹後の国の風土記に曰ふ）

与謝の郡。

日置の里。

この里に筒川の村あり。ここの人夫、日下部の首らが先つ祖、名を筒川の嶼子と云ふ人あり。為人《ひととなり》、姿容秀美れ風流なること類なし。これ、謂ゆる水江の浦の嶼子といふ者なり。こは旧宰、伊預部の馬養の連の記せるに相乖《そむ》くことなし。故、所由の旨を略陳べむとす。

長谷の朝倉の宮に御宇ひし天皇の御世、嶼子、独小き船に乗り海中に汎び出でて釣せり。三日三夜を経ぬれど一つの魚をだに得ず、乃ち五色の亀を得つ。心に奇異しと思ひ船の中に置き即ち寐つるに、忽に婦人となりぬ。その容美麗しくまた比ぶひとなし。

嶼子、問ひて曰く「人宅遥けく遠く、海庭に人乏きに、いかに人忽来れる」といふ。女娘の微咲みて対へて曰く「風流之士、独蒼海に汎べり。近く談らはむおもひに勝へず、風雲の就来れり」といふ。嶼子また問ひて曰く「風雲は何処ゆか来れる」といふ。女娘、答へて曰く「天の上なる仙家之人なり。請はくは君な疑ひそ。相談の愛を垂へ」といふ。ここに嶼子、神の女と知り懼り疑ふ心を鎮めき。女娘、語りて曰く「賎妾が意は、天地の共畢り日月の倶極らむとなり。但君は奈何そや、許不の意を早先にせむ」といふ。嶼子、答へて曰く「また言ふことなし。何そ懈らむ」といふ。女娘、曰く「君棹廻すべし、蓬山に赴かむ」といふ。嶼子従ひ往く。

女娘、眠目らしめ、即ち不意之間に、海中なる博大之嶋に至りぬ。その地は玉を敷けるが如し。闕台は暸映え楼堂は玲瓏けり。目に見ず、耳に聞かず。

携手へて徐に行くに一太宅の門に至りぬ。女娘、曰く「君且らく此処に立ちたまへ」といひて、門を開きて内に入りぬ。即ち七豎子来り相語りて曰く「こは亀比売の夫そ」といふ。また八豎子来り相語りて曰く「こは亀比売の夫そ」といふ。ここに女娘の名を亀比売と知りぬ。乃ち女娘出で来。嶼子、豎子たちの事を語る。女娘、曰く「その七豎子は昴星なり。この八豎子は畢星なり。君な怪しみそ」といふ。即ち前に立ちて引導き内に進み入れり。

女娘の父母共相に迎へ、揖みて坐にましき。ここに、人間と仙都の別を称説き、人と神の偶会の嘉を談義れり。乃ち百品の芳き味を薦む。兄弟姉妹等、坏を挙げ献酬せり。隣の里なる幼女等も、紅顔なし戯接はれり。仙歌は寥亮き、神儛は逶迤なり。それ、歓宴のさま、人間に万倍せり。ここに日の暮るるを知らず。ただ黄昏之時に、群の仙侶等、漸々に退り散け、即ち女娘独留まりぬ。肩を双べ袖を接はせ、夫婦之理を成しき。

時に嶼子、旧俗を遺れ仙都に遊び、既に三歳のほどを逕ぬ。忽に懐土之心を起し、独、二親に恋ひつ。故、吟哀繁に発り嗟嘆日に益しぬ。女娘、問ひて曰く「比来君夫の貌を観るに常時に異なれり。願はくは其の志を聞かせたまへ」といふ。嶼子、対へて曰く「古の人言ひしく、小人は土を懐ひ、死にし狐は岳を首とすといふ。僕、虚談と以へるに今はこれ信然りぬ」といふ。女娘、問ひて曰く「君や帰むとせる」といふ。嶼子、答へて曰く

「僕近く親故之俗を離れ遠く神仙之堺に入りぬ。恋眷に忍びずて、輙ち軽慮を申しつ。所望はくは暫し本俗還り二親に奉拝まくほりす」といふ。女娘、涙を拭ひ嘆きて曰く「意は金石に等しく共に万歳を期りしに、何そ郷里を眷みて棄遺ることの一時なる」といふ。即ち相携はり徘徊り、相談らひ慟哀しみき。

遂に袂をひるがえして退去れ、岐路に就かむとす。ここに女娘父母親族、但に別れを悲しみ送る。女娘玉匣を取り、嶼子に授け、謂りて曰く「君終に賤妾を遺てず、眷り尋ねむとおもはば、匣を堅握めて、慎な開き見そ」といふ。即ち相分れて船に乗り、仍ち眠目らしめ、忽にもとつ土の筒川の郷に到りぬ。即ち村邑を瞻眺らふに、人も物も遷り易り、また由るによしなし。

ここに郷人に問ひて曰く「水江の浦の嶼子の家人、今何処にか在る」といふ。郷人答へて曰く「君何処の人なる、旧遠人を問ぬや。吾、古老たちに聞くに曰く「先つ世に水江の浦の嶼子といふものあり。独蒼海に遊びまた還り来ず」といひ、今に三百余歳を経しに何にそ忽にこを問ふや」といふ。即ち棄心を銜き、郷里を廻れど一親にすら会はず、既に旬月を経ぬ。乃ち玉匣を撫で神の女を感思でつ。ここに嶼子、前日の斯を忘れ忽に玉匣を開きあけつ。即ち未瞻之間に芳蘭之体、風雲のむた翩りて蒼天に飛びゆきぬ。嶼子、即ち期要に乖違ひ、かへりてまた会ふことの難きを知りぬ。首を廻らして踟蹰み涙に咽ひて徘徊りき。

ここに涙を拭ひて歌ひて曰ふ、

常世べに　雲たちわたる　水の江の　浦島の子が　(宇良志麻能古賀)　言持ちわたる

神の女、遥けく飛び芳き音にて歌ひて曰ふ、

大和べに　風吹きあげて　雲離れ　退《そ》きをりともよ　我を忘らすな

嶼子また恋望に勝へず歌ひて曰ふ、

子らに恋ひ　朝戸を開き　我が居れば　常世の浜の　波の音聞こゆ

後時の人、追加ひて歌ひて曰ふ、

水江《みずのえ》の　浦島の子が（宇良志麻能古我）　たまくしげ（多麻久志義）
　開けずありせば　またも逢はましを

常世べに　雲立ちわたる　たゆまくも　はつかまどひし　我ぞ悲しき

現代語訳

（『丹後国風土記』に次のように出ている）

与謝の郡。

日置の里。

この里に筒川村がある。ここの民で、日下部の首《おびと》らの先祖である、名を筒川《つつかわ》の嶼子という男がいた。生まれつき容姿がすぐれて優雅なことはこの上なかった。これは、世間でいう水江《みずのえ》の浦の嶼子という者である。以下の話は前任の国守である伊預部の連《むらじ》の馬養様が記している内容と、矛盾するところはない。よってこの話の概略をここに記すこととする。

長谷の朝倉の宮で天下を治められた天皇（雄略）の御世のこと。嶼子は一人で小船に乗って大海に漕ぎ出して釣りをしていた。三日三夜が経過したが、一匹の魚も釣れず、ただ五色に輝く亀を釣り上げた。おかしなこともあるものだと思ってその亀を船の中に置いたまま、まどろんだところ、その亀は突然女性に身を変えた。その顔は美しくて他と比べようもなかった。

嶼子は「人里から遠く離れ、この海上に人は誰もいないのに、どうしてあなたはここへやって来たのですか」と尋ねた。乙女はほほえんで「みやびな人がただ一人海に浮かんでいたので、親しくしたいと思って、風と雲に乗ってやって来ました」と応えた。嶼子はまた尋ねた。「その風と雲はどこから来たのですか」。乙女は「天上の仙家のものです。どうか疑わないで、親密な情愛をかけてください」と応えた。彼女が神女であるとわかって、嶼子は恐れや疑いの気持ちをおさえることができたのであった。乙女は「私の思いは、無窮の天地、永遠の日月と共に、永遠に添い続けようと思っています。しかし、あなたはどう思っているのですか、諾否の気持ちをまず聞かせてください」と語った。嶼子は「改めて言うことは何もありません。どうして躊躇しましょうか」と応えたのであった。乙女は「あなたが船をこいでください。常世の蓬萊山へ行きましょう」と言った。嶼子はこれに従って船を漕いだ。

乙女は（嶼子を）眠らせ、一瞬の内に海中の大きな島に到着した。その島の様子は宝玉を敷きつめているように美しいものであった。門外の高殿も門内の高殿も全て照り輝いていた。この情景はこれまで見たこともなければ聞いたこともなかった。

手を取りあってゆっくりと歩みを進めて行くと、一軒の立派な家の門に到着した。乙女が「ここでしばらく待っていてください」と言って、門を開け内に入って行った。そこへ七人の童子が来て、「あっ、亀姫の夫だ」と語り合った。また八人の童子が来て、「あっ、亀姫の夫だ」と語り合った。そこで乙女の名が亀姫であるとわかった。そうこうするうちに乙女が戻って来た。嶼子は童子たちの話をした。乙女は「その七人の童子はスバル星、八人の童子はあめふり星です。あやしまないでください」と言った。乙女は嶼子の前に立って案内し、内へと進み入った。

乙女の父母がともに嶼子を迎え、挨拶を交わして座についた。乙女の父母は人の世と仙人世界との違いを説明するとともに、人と神との奇遇の喜びを語った。そうして数々の馳走を勧めた。兄弟姉妹たちも酒を酌み交わした。隣村の幼女たちも血色のよい顔をして一座に加わった。仙界の歌は遠くまでよく響き、神女の舞いはあでやかであった。華やかな宴の様子は人の世と格段の違いであった。仙界では、日の暮れるのもわからなかった。ただ、たそがれ時には多くの仙人たちが徐々に退出し、乙女一人が留まった。肩を並べ袖を交わし、夫婦となった。

こうして嶼子は故郷を忘れ仙界に遊んで、三年が過ぎた。急に望郷の念が起こり、ただ両親に恋い焦がれた。溜息はしきりに起り嘆きは日々につのっていった。乙女は「最近、あなたの顔を見ると、いつもとようすがちがいます。あなたの気持を聞かせてください」と声をかけた。嶼子は「昔の人の言葉に、凡人は故郷を偲ぶと言い、狐は故郷の山に頭を向けて死ぬ、とあります。私は作り話だと思っていましたが、それが本来の姿だと今になってわかってきました」と言った。乙女は「あなたは帰りたいのですね」と言った。嶼子は「私は親族から離れ、遠い仙界に来ました。人恋しさにこらえ切れず、浅はかなことを口にしました。でもできることなら、暫くの間故郷に帰り両親に会いたいのです」と応えた。乙女は涙を拭って歎いて、「心は金石と同じで、永遠をちぎったのに、なぜ故郷を思い出して私をあっけなく捨てるのですか」と言った。二人は手を取り合って思案に暮れ、話し合っては歎き悲しんだ。

とうとう二人は袂《たもと》を翻して別れ、嶼子は故郷への道に向かおうとした。乙女もその父母も親族も皆一様に悲しんで見送った。乙女は玉匣《たまくしげ》を取り出し、嶼子に与えて、「最後まで私を棄てず、また戻って来たいなら、この匣《くしげ》をけっして開けてはなりません」と言った。そこで二隻の船に分乗し、嶼子を眠らせ、一瞬の内に故郷の筒川の郷に戻ってきた。さて村里を見回したが、人も物も全てが移り変わり、頼るところもなかった。

そこで里の人に「水江の浦の嶼子の家族は、今どこにいるのでしょうか」と尋ねた。里人は「あなたは一体どこの人ですか。なぜ遠い昔の人を尋ねているのですか。私が古老たちに聞いたところでは、『ずっと昔に水江の浦の嶼子という者がいた。一人海に遊びに出たきり、帰って来なかった』という話です。すでに三百年余りが過ぎているのに、なぜ突然そんなことを尋ねるのですか」と言った。嶼子は茫然とした虚ろな心で故郷を探し回ったけれども、片親にさえ会えず、早くも一月が過ぎた。玉匣をなでて、神女をしのんだ。とうとう嶼子は以前の約束を忘れて、玉匣を開いた。すると突如かぐわしい香の匂いが風雲と共に翻って、天に昇って行った。嶼子は約束に反したことに気付き、乙女にまた会うのは難しいのを悟った。うしろを振り返ってはたたずみ、涙に咽んで歩き回った。

そこで涙をぬぐって歌った。

「常世のほうに向かって雲が棚引いている。水江の浦島の子の言葉を持って雲が棚引いている」

神女は雲の彼方を飛びながら、良い声で歌って言った。

「大和の方角に向かって風が吹き上げ、雲が離れて行くように遠く離れていても、私を忘れないで」

嶼子はまた恋しさに耐えかねて歌った。

「子らを恋しく思って夜明けに戸を開いていると、常世の浜の波の音が聞えてくる」

後世の人がそのあとに付け加えて歌った。

「水江の浦島の子が玉匣を開けなかったら、また逢えただろうに」

「常世のほうに向かって雲が棚引いている。心がゆるんで、わずかに迷ってしまった自分が悲しい」

2　『日本書紀』浦島伝

読み下し文

（雄略二十二年）秋七月、丹波国《たにはのくに》餘社郡《よさのこほり》管川《つつかは》の人、瑞江浦嶋子《みずのえのうらのしまこ》、舟に乗りて釣りし、遂に大亀を得たり。すなはち女《をとめ》に化為《な》る。ここに浦嶋子、感《め》でて婦《め》にし、相遂《あひしたが》ひて海に入り、蓬萊山《とこよのくに》に到り、仙衆《ひじりたち》に歴《めぐ》り観《み》る。語《こと》は別巻《ことまき》に在り。

現代語訳

秋七月に、丹波国餘社郡管川の人、瑞江浦嶋子は、舟に乗って釣りをしていて大亀を得た。大亀はたちまち女になった。浦嶋子は心ひかれて妻にし、いっしょに海に入り、蓬萊山に着いて、仙衆を見て廻った。この話は別巻にある。

3　『万葉集』浦島伝

読み下し文

水江《みずのえ》の浦嶋子《うらのしまこ》を詠む一首　あはせて短歌

春の日の　霞める時に　墨吉《すみのえ》の　岸に出で居て　釣舟の　とをらふ見れば　古《いにしへ》の　ことそ思ほゆる　水江の

浦嶋児が　鰹釣り　鯛釣り誇り　七日まで　家にも来ずて　海界《うなさか》を　過ぎて漕ぎ行くに　海若《わたつみ》の　神のをとめ（神之女）に　たまさかに　い漕ぎ向かひ　相とぶらひ　言成りしかば　かき結び　常世に至り　海若の　神の宮の　内の重の　妙なる殿に　携はり　二人入り居て　老いもせず　死にもせずして　永き世に　ありけるものを　世の中の　愚か人の　我妹子《わぎもこ》に　告《の》りて語らく　しましくは　家に帰りて　父母に　事も語らひ　明日のごと　我は来なむと　言ひければ　妹が言へらく　常世辺に　また帰り来て　今のごと　逢はむとならば　この篋《くしげ》開くなゆめと　そこらくに　堅めしことを　墨吉に　帰り来りて　家見れど　家も見かねて　里見れど　里も見かねて　怪しみと　そこに思はく　家ゆ出でて　三年の間に　垣もなく　家も失せめやと　この筥《はこ》を　開きて見てば　もとのごと　家はあらむと　玉篋《たまくしげ》　少し開くに　白雲の　箱より出でて　常世辺に　たなびきぬれば　立ち走り　叫び袖振り　臥《こ》いまろび　足ずりしつつ　たちまちに　心消失せぬ　若かりし　肌も皺みぬ　黒かりし　髪も白けぬ　ゆなゆなは　息さへ絶えて　後遂に　命死にける　水江の　浦島子が　家所見ゆ（一七四〇）

反歌

常世辺に　住むべきものを　剣大刀　汝が心から　おそやこの君（一七四一）

現代語訳

春の日の　霞んでいる時に　墨吉の　岸にでていて　釣舟が　揺れているのを見ると　古の　言い伝えが　思い出される。水江の　浦嶋児が　鰹を釣り　鯛を釣って　調子に乗り　七日経っても　家に帰って来ずに　海の果てを　越えて漕いで　行くうちに　海若《わたつみ》の　神の娘に　偶然に　漕いで行き逢い　求婚して　意気投合したので　契りを結び　常世の国に至り　海若の　神の宮殿の　内陣の　霊妙な御殿に　手を取り合って　二人で入っ

たまま　老いもせず　死ぬこともなく　永遠に　生きていられたのに　世にも　愚か者の嶋子は　愛妻に　語って言うことに　「ほんのちょっとの間　家に帰って　父母に事情も話し　明日にでも　わたしは戻って来よう」と　言ったので　妻が言うには　「常世の国に　また帰って来て　今のように　逢おうとお思いでしたら　この箱を　けっして開けないでください」と　あれほどにも　堅く誓った　ことだのに　墨吉に　帰って来て　家を見ても　家も見当たらず　里を見ても　里も見当たらず　不思議なことだと　そこで思ったことには　「家をでて　三年の間に　垣もなく　家もなくなるはずがない」と　「この箱を　開いて見たら　元どおりに　家はあるだろう」と　その美しい箱を　少し開くと　白雲が　箱から出て　常世の方へ　たなびいて行ったので　飛び上がり　叫び袖を振り　転げまわり　地団駄を踏み続け　たちまちに　失神してしまった　若かった　肌も皺が寄った　黒かった　髪も白くなった　そのあとは　息まで絶えて　あげくの果てには　死んでしまったという　水江の　浦の嶋子の　住まいのあとが見える。

反歌

常世の国に　ずっと住んでいれば　よかったのに　おまえの量見で　ばかなことをしたよ　この人は

4　明星の方言名

明けの明星・宵の明星　共通		
いかぼし	明星の輝く頃にいかが釣れる	静岡県賀茂郡下田町、稲取町、下河津村、静岡市、志太郡東益津村、和田村、焼津町、浜名郡伊佐見村、青森県下北郡大畑村、大奥村、神奈川県三浦郡三崎村、福井県遠敷郡西津村、遠敷村、山口県吉敷郡佐山村、鹿児島県川辺郡西南方村、枕崎町
かつおぼし（鰹星）	これが光り始める頃鰹がかかる	京都府宮津市
げんじぼし（源氏星）		熊本県球磨郡
たいつりぼし（鯛釣り星）		京都府宮津市
てまりぼし（手鞠星）		島根県石見、鹿足郡
とびあがり（飛び上がり）	突然、輝く大星が登る	福島県石城郡、群馬県館林、邑楽郡、千葉県勝浦市、静岡県、愛知県知多郡、和歌山県東牟婁郡
ななくらぼし	海浜地方で魚網を七くら曳いた時分にこの星が隠れる	静岡市下島
	（名はないが、さんま流し網を巻きあげる時刻の目印にする）	静岡県賀茂郡田子村
のこりぼし（残り星）		熊本県天草郡
はーるぶし	明るい星の意	沖縄県新城島
みょーじょーぼし（明星星）		広島県比婆郡
みゃーじょーぼし		広島県比婆郡
みょーじょーさん		香川県本島、熊本県菊池郡
みょーどん		山梨県南巨摩郡

めじょぼし		鹿児島県揖宿郡
めじょ		熊本県八代郡
みょーじん（明神）		青森県下北郡、岩手県気仙郡、富山県、東京都八丈島、神奈川県、長野県諏訪、福井県、岐阜県飛驒
みょーじんさま		新潟県中越
みょーじんさん		新潟県佐渡、富山県、愛知県知多郡、三重県志摩郡、京都府舞鶴市、大阪市、和歌山県
めーじんさん		熊本県玉名郡
めおじん		宮城県石巻
むぎまきぼし（麦蒔き星）		静岡県賀茂郡白浜村
よさぼし	この星が輝く頃いかがよく釣れる	鹿児島県川辺郡枕崎町小港

明けの明星

あかしきぷし（暁星）		沖縄県
あかつぃきんぶし		
あかっきんふし		
あかぼし、あかぶし（明星、赤星）		新潟県佐渡
あかりぷし（明り星）		沖縄県
がりぷし、ありぶし		
あがるぶーぷーそー	夜明けの大星の意	沖縄県石垣島
うくしふし、うくしぶし（起し星）		沖縄県与那国島敦賀郡
うぷらうさぎ		沖縄県宮古島
かしきなかし（炊き泣かし）	これがあらわれる頃に起こされて船乗りの炊事番が泣かされる	和歌山県大島
たろーおほしさん（太郎お星さん）		山梨県巨摩郡
へーすけぼし（平助星）	大分県姫島に昔いたという働き者の名をとって、という	大分県東国東郡

よあけのみょーじょー（夜明けの明星）		群馬県館林、三重県伊賀、香川県島嶼、福岡県、大分県
よあけのみょーじん		愛知県碧海郡、三重県阿山郡、香川県志々島
よーかーぶし		沖縄県首里
よーふぁぶし		鹿児島県奄美大島
宵の明星		
いちばんぼし		静岡県、青森県、岩手県、神奈川県、岐阜県、福井県、三重県、富山県、徳島県、山口県、佐賀県
いりーぬうーぶす	いりー（西）＋うーぶす（大星）	沖縄県島尻郡
かしきおこし（炊き起し）	夕飯をかしぐ頃にあらわれる	静岡県賀茂郡
くれぼし（暮星）		静岡県、三重県伊賀
くれのほし		青森県中津軽郡
しかまぶし（仕事星） しかまぷし、すかまぶし、 さかまぶし、ちかーふし	この星が出ると仕事を終える	沖縄県
たけのふし		青森県上北郡
たぎふし（炊き星？）		沖縄県与那国島
ときしらず（時知らず）		島根県八束郡
にしあかりぼし	宵の明星があらわれる頃、西の空が明るくなる時刻に魚がもっとも釣れる	長崎県壱岐島
	（「にしあかる」—宵の明星のあらわれる頃をいい、魚がもっとも釣れる。東空に明けの明星がでるころも、やはり釣りによいという）	静岡県賀茂郡仁科村
ぬしとぼし（盗人星）		大分県速見郡

もんりーぼし（守り星）	農家の子守が夕方明星のあらわれるまで外で子守をする	静岡県小笠郡下内田村、相草村、六郷村
ゆーだつ		沖縄県八重山
ゆーだつぃ		沖縄県石垣島
ゆーつづ		愛媛県
ゆーばんぶし（夕飯星）		沖縄県
まんじゃーぶし（待者星）		
ゆーばんかみぶし（夕飯食星）		
ゆーぼし（夕星）		静岡県榛原郡
ゆぐれーぶし（夕暮星）		鹿児島県南西諸島
ゆくぃーぶし		鹿児島県徳之島
ゆないぶし		沖縄県黒島
よいのみょーじん（宵の明神）		静岡県、愛知県、三重県志摩郡、京都府竹野郡、兵庫県淡路島、和歌山県東牟婁郡、山口県下関市、香川県志々島、大分県

（参照　内田武志『星の方言と民俗』岩崎美術社、一九七三年。『日本国語大辞典』小学館、一九七六年。『日本方言大辞典』小学館、一九八九年）

あとがき

『記』『紀』によれば、創世の女神イザナミは、醜く、恨み深く、死をもたらす存在で、男神イザナキはそれから逃げ出す臆病者とされます。私たちの先祖はこのような神々を崇めたと思い込んでいた私は、彼らを心の隅で軽蔑していました。自分の先祖を軽蔑することは、自分自身を卑しめることに通じるでしょう。

『丹後国風土記』の浦島伝を読み、『記』『紀』に記される神話とは違う神話が存在したことを知りました。風土記や『万葉集』に記される浦島伝は、神と人の出会いと別れがテーマになっていて、信仰心のぬくもりを感じさせます。その信仰の対象は海神である姫神で、真珠と金星のイメージをもっていたと推測します。

本書は一仮説ですが、『記』『紀』に収録されない古代日本の信仰の姿を、おぼろげにでも解明できたことを願います。力不足で、不備不明の点も多いに違いありません。ご批判、ご教示をいただければ幸いです。

本書において、籠神社、伊勢神宮、住吉大社、壱岐聖母宮について言及しました。権力闘争の渦に巻き込まれながらも、先祖伝来の信仰を守りつづけようとされた方々に深い尊敬を抱きこそすれ、諸神社の祭祀を軽んじる気は毛頭ありません。心して書いたつもりですが、祭神をとやかく論じるなど、やはり礼を失することでしょう。失礼の段、重ね重ねお詫び申し上げます。

大勢の方々に助けていただいて、この本が生まれました。私が属するカトリック女子修道会聖心会の長上や姉妹たちに支えられ助けられて、研究を続けることができました。不二聖心女子学院教諭・鈴木和枝先生は天文について私に根気強く教えてくださり、何年にもわたって、新月近くの金星・月・太陽の位置関係を示す美しい写真を撮り続けてくださいました。カバーを飾るのは、そのなかの一枚です。カバーのもう一枚の写真は、スキューバダイビングを趣味とする弟が、「竜宮城」と題して送ってくれたものです。遠隔地の資料を集めるにあたっては、私の住む裾野市の市立鈴木図書館館員・多田純子さんの適切で労を惜しまない対応にいくども助けられました。山形県立図書館や九州大学付属図書館が、いろいろ便宜を図ってくださったことも忘れられません。また、清泉女子大学学長岡野治子先生のお口添えをいただいて、知泉書館が出版をお引き受けくださり、小山光夫社長は親身のご配慮を、髙野文子さんは行き届いた編集をしてくださいました。ご恩になった皆様お一人お一人に、心から御礼を申し上げます。

なお、すでに発表した以下の論文が、この著書の骨子になっていることを申し添えます。この度の上梓にあたって加筆訂正をしました。

「古代日本の聖母崇拝——壱岐香椎聖母宮縁起に見る壱岐の例」(『宗教と文化　21』聖心女子大学キリスト教文化研究所、二〇〇二年、二三－六二頁)
「浦島伝説に見る『記』『紀』以前の女神信仰」(『宗教と文化　22』二〇〇三年、九五－一三三頁)
「万葉歌浦島伝に見る日本人の信仰」(『宗教と文化　23』二〇〇四年、三三－六七頁)

註

第Ⅰ部　三つの浦島伝の謎

第一章　『丹後国風土記』浦島伝の亀の実体

（1）『神道大系　古典注釈編5　釈日本紀』神道大系編纂会、一九八六年、二九四－九六頁。
（2）『日本古典文学大系69　懐風藻　文華秀麗集　本朝文粋』小島憲之校注、岩波書店、一九六四年、一〇四－五頁。
（3）吉田東伍『増補版　大日本地名辞書　第三巻』冨山房、一九七〇年。
（4）日置遺跡の弥生時代の遺構には、竪穴住居跡と土器溜まりがある。出土物の一つに、弥生時代中期に作られた銅剣形石剣がある。銅剣形石剣は祭祀具で、拠点集落から出土することが多いのが特徴とされる。『宮津市史　史料編第一巻』宮津市史編さん委員会、一九九六年、八一〇－一六頁。
（5）「奈具谷遺跡・奈具岡遺跡。奈具岡北古墳群　京埋セ現地説明会資料 No. 95-10」京都府埋蔵文化財調査研究センター、一九九五年。『丹後発掘（特別展図録30）』京都府立郷土資料館、一九九九年。
（6）『日本歴史地名大系　26巻　京都府の地名』平凡社、一九八一年。
（7）佐伯有清『新撰姓氏録の研究　本文篇』吉川弘文館、一九六二年。
（8）『神道大系　古典編13　海部氏系図・八幡愚童記・新撰亀相記・高橋氏文・天書・神別記』一九九二年、所収。現存する日本最古の系図で、昭和五十一年に国宝指定を受けている。料紙および本文の書風から見て、平安時代前期を下らないとされる。附の「海部氏勘注系図」は江戸時代のもので、本系図に注を加えている。ともに古伝・秘伝をふくみ、史料的価値をもつ。
（9）「海部氏系図」本系図と勘注系図は、細部について食違いを見せる。本系図は巻頭に「籠名神社祝部氏系図」とあり、中央に「丹後国与謝郡従四位下籠名神従元干今所斎奉祝部奉仕海部直等之氏」と表記されている。籠名神が従四位下となった貞観十三年

（八七一）六月から従四位上に叙せられた元慶元年（八七七）十二月の間に書かれたと思われる。巻子装で、中央に薄墨の罫一線に、彦火明命から平安期の海部直田雄祝まで十六代の人名が記されている。勘注系図に比べると、十七代の省略がある。各記述の上には、二十八箇所に朱色の四角い印が押されている。これは丹後国庁で押された「丹後国印」であることが解明されている。系図は作成後、丹後国庁に提出され、公認の証として国印が押されたものであろう。この系図が作成された時代、大和政権はゆるぎないものになっていたから、官選史に抵触する内容を記載することは許されなかったであろう。その意味で、本系図は表向きの系図である。

他方、勘注系図は江戸時代に書写されたもので、本系図に注を加えている。末尾には、「一本云」とあって、もとは丹波国造本記として、豊御食炊屋姫（推古）天皇の時代に、国造海部直止羅宿禰らによって撰され、養老五年（七二一）に国造海部直千嶋祝ならびに弟千足・千成によって修撰されたとある。養老五年は、『日本書紀』成立の翌年である。『書紀』の神統図・皇統図に沿って書き直された（させられた）と考えられる。さらに、貞観年中（八五九―八七七）に海部直田雄が勅を奉じて、本系を撰進し、「籠名神社祝部氏系図」と号したことが記されている。これが本系図にあたるであろう。しかし、この系図は、神代之記、ならびに上祖の歴名を載せておらず、本記の体をなさないため、仁和年中（八八五―八八九）に、海部直稲雄などによって往古の所伝本記をさらに修録したことが記されている。貞観年中に本系図が作成さ（せら）れた後、ほどなくして書き改められたのであろう。

勘注系図最末尾には、「本記一巻者、安鎮於海神胎内、以極秘、永世可相伝者也」とある。勘注系図は本系図と違って、外部に見せるためではなく、海部氏が極秘裏に親から子へと伝えたものである。史実性を問うとき、『記』『紀』を常に正統とし、それに反する内容は、大和政権に対立する豪族たちが権威を主張するため捏造したとするのは、あたらないであろう。一族の真実と誇りを、せめて一族内で守り抜こうとして書かれた史料は、それなりに扱われる価値をもつ。

（10）七童子とされるスバルは、肉眼でみえるのは六つの星なので、方言で「ムツボシ」とか「ムツガミサマ」とよぶ地方があるが、地域によっては七個の星とする。「ナナツボシ」（青森県、鹿児島県、広島県）、「シチノホシ」（青森県）、「シチフクジンボシ」（静岡県）など。内田武志『星の方言と民俗』岩崎美術社、一九七三年、二一一―二一二頁。

（11）同上書、一一一頁。

（12）スバルの農耕・漁獲・航海に関する民俗を、以下にあげる。内田『星の方言と民俗』参照。

農耕関係

＊「スバルまんどき粉八合」スバルが南中した時をまんどきと言い、これを夜明け方にみてそばを蒔く時期とすれば、もっともよく実って、一升の実から八合の粉が取れる（静岡県）。

＊「スバルの山入り麦蒔きのしん」夜明け方に西空を仰ぎ、スバルが西の山端にある時をもって、麦蒔きの時期とする（福島県石城郡）。

＊昴星が東方にちょっと昇ったのを日暮れに見て、稲刈り時としている（静岡県榛原郡）。

＊日没後に東天をみて昴星が胸部の高さほどに昇った時を播種の好季節とする（八重山）。

＊「スパ《(ママ)》ルさんが夕方、空の真上に見える頃が稲の刈り時である」（大阪府泉南郡）。

漁獲関係

＊スバルが西にあらわれる頃が、さんまのとれる時期。だんだん日が短くなるにつれて夜の明ける前に沈みみえなくなると、漁家では、もうさんまも少なくなったろうと話しあう（静岡県賀茂郡）。

＊旧十月頃になってスバルが宵から東に高くあらわれて、夜明け前に西に没する頃は、なまこのしゅんである（長崎県壱岐島）。

＊スバルが東にあらわれるのを目安に、いかやさばを取る。それは六月頃なら明け方、夏なら夜半、冬になると日暮方にあたる。その頃がもっとも魚の釣れる時刻で、漁師はスバルの出を待った（静岡県他）。

航海関係

＊スバルが西山に沈む頃は海が凪いで、もっとも静かになる。これを入りあい凪ぎとよぶ（静岡市浜、田方郡、榛原郡）。

＊「九月の節より正月の節中は、すまる星の出入に日和かわりやすき物也」（『物類称呼』）。

＊十月中旬の夜明けにスバルが西に入るとき吹く北東風を、星の出入と言う（伊勢国鳥羽、伊豆国の船詞）。

(13) 九三四年頃編まれた、わが国最初の分類体の漢和辞書。『早稲田大学蔵　資料影印叢書　国書編　第1巻　倭名類聚鈔　一』早稲田大学蔵　資料影印叢書刊行委員会、一九八七年、天ノ部第一景宿ノ類第一。

(14) 内田『星の方言と民俗』三五頁。

(15) 野尻抱影『日本星名辞典』東京堂出版、一九七三年、二二九頁。『詩経』のこの言葉は「月が畢星の方向にかかり、涙をあふれさせる」という解釈もある。石川忠久『新釈漢文大系　第112巻　詩経（下）』明治書院、二〇〇〇年、四五－四七頁。

(16)『高松塚壁画館解説』高松塚壁画館編、一九八〇年、一〇頁。

(17) 上原和・工藤圭章編『日本美術全集3　飛鳥・白鳳の美術』学習研究社、一九八〇年。
(18) 野尻『日本星名辞典』四三頁。
(19) 松本勝之『真珠《しらたま》と日本人』真珠新聞社、一九九九年、一五頁。
(20) 皇大神宮禰宜荒木田家で相伝されてきた古記文。記事は貞観十七年（八七五）拝任以前から延久元年（一〇六九）におよぶ。『群書類従　神祇部一　巻第三』所収。
(21) 『神道大系　論説編　伊勢神道（上）』一九九三年、所収。「伊勢二所皇御大神御鎮座伝記」「天照坐伊勢二所皇太神宮御鎮座次第記」「豊受皇太神御鎮座本紀」「造伊勢二所太神宮宝記本紀」「倭姫命世記」の五書からなる。成立は平安時代末期から鎌倉時代前期にかけてとされる。伊勢外宮の神官たちによって古人にたくして書かれており、偽書としてかえりみられなかったが、古伝承を伝えるものとして参考になる。
(22) 『神道大系　神社編　35』一九九一年、所収。社伝では南北朝元弘年間の書写とされるが、古文書学者たちによれば室町中期とされる。
(23) 奈良時代には、五十音韻中の二十一音は二通りに使い分けられていた。甲乙はその区別をあらわす。
(24) 土橋寛『日本語に探る古代信仰』中公新書、一九九〇年、七七頁。
(25) 例として、おほ（オ）し→うし（大人）。おほ（オ）ば→うば（祖母）。おほ（オ）しし→うし（牛）。おほ（オ）み→うみ（海）、など。『大言海』。
(26) 『記』『紀』の神統図ではさまざまに位置付けられるが、食物の神とされるウカノミタマ（『記』宇迦之御魂神、『紀』稲倉魂命）も同神であろう。
(27) 筑紫申真『アマテラスの誕生』講談社学術文庫、二〇〇二年、二〇―二四頁。
(28) 鳥越憲三郎『伊勢神宮の原像』講談社、一九七三年、二四頁。
(29) 井上辰雄「太陽祭祀と古代氏族」『古代日本人の信仰と祭祀』大和書房、一九九七年、二四頁。
(30) 『記』『紀』では男女二人の名を併記するときには、つねに男性の名を先にあげる。女性の名を先にあげ、万葉仮名で記されたこの記事は、統治形態の古いありようを映している。この点からも、この記事は『記』『紀』に先立つ資料にもとづくと考えられる。

（31）複合語をつくるさいの母音交替では、エ乙がアに転じる例がもっとも多く、酒《さけ》―サカヅキなどに見られる。
（32）『和名抄』の訓は「竹」で、「竹郡」と表記される。
（33）安岡親毅（一八三二）。三重県郷土資料刊行会『三重県郷土資料叢書　第八四集』所収。
（34）多気郡有爾《うに》郷上野御園に東明寺とともに建てられ、一二七五年に仏通禅師によって開山された。当時は、現在より少しはなれたところに位置していた。
（35）『角川日本地名大辞典　24巻　三重県』一九八三年、「日置」の項。
（36）「太神宮司補任次第」『神道大系　神宮編4　太神宮補任集成（上）』一九八〇年、一四九頁。
（37）同上。
（38）同上。
（39）垂仁紀に「天皇、倭姫命をもちて御杖として天照大神に奉りたもう」とある。杖は神の依り代であった。斎王自らが、神の現身の姿とされる。
（40）定本ではこの歌の中央部分に誤写か脱字があるらしく、読みは以下による。秋本吉朗校註『日本古典文学大系2　風土記』岩波書店、一九五八年。久松潜一校註『日本古典全書　風土記下』朝日新聞社、一九六〇年。
（41）海部穀定『元初の最高神と大和朝廷の元始』おうふう、一九九五年、二一三頁。

第二章　神女を省く『日本書紀』浦島伝

（1）吾郷清彦『古史精伝　ウエツフミ　原文併記全訳』霞ヶ関書房、一九七五年。吉田八郎訳著『完訳上つ記』八幡書店、一九九一年。現存テキストには、宗像本と大友本との二種類がある。宗像本は豊後国の宗像大宮司家に伝えられたもので、大友宗家直伝のウエツフミ原本とも言われる。宗像本は天保二年（一八三一）になって発見され、筆写された。大友家に伝えられた大友本は、明治になって発見された。
（2）『新修　大阪市史　第一巻』新修大阪市史編纂会、一九八八年、二八五―八六頁。
（3）『神道大系　古典編11　延喜式（上）』一九九一年、九九頁。
（4）小学館版『日本書紀』二八五頁、注八、九。『新釈漢文大系　第23巻　易経（上）』明治書院、一九八七年、一七八頁。

（5）「神宮雑令集」によれば七〇九年。春日大社編『春日大社のご由緒』参照。
（6）ウェブサイト「玄松子の記憶」http://www.genbu.net/data/yamato/kasuga_title.htm
（7）『新訂増補　国史大系　第22巻　律・令義解』吉川弘文館、二〇〇〇年、二九頁。
（8）同上。
（9）『平田篤胤全集9　古史傳』法文館書店、一九一三年、二六－二七頁。

第三章　亀不在の万葉歌浦島伝

（1）『万』九七一の題詞に、天平四年（七三二）に宇合が西海道節度使に遣わされるときに虫麻呂が作る歌とある。
（2）『旧事紀』は『日本書紀』の記載に不満をいだく物部氏が延喜年間（九〇一－九二三）に作為的に編んだとされ、偽書としてかえりみられなかった。しかし、豪族側からすれば、自分たちの統治権・神事権を朝廷が奪ったのであって、『記』『紀』の不当なあつかいに対して、自分たちの真実を伝えようとしたのではなかったか。体制に対するあからさまな批判をさけ、『記』『紀』の用語を用いて、自分たちの氏族についての真実を主張している可能性がある。
（3）「天照国照彦火明櫛玉饒速日尊。亦名天火明命。亦名天照国照彦火明尊。亦云㆓饒速日命㆒。」『神道大系　古典編8　先代舊事本紀』一九八〇年、七七頁。
（4）『楚辞』「遠遊」に「令㆓海若㆒舞㆓馮夷㆒」とあり、王逸注に「海若、海神名也」とあることから、「海若」「海神」が相通じるものであることがわかる。神代紀上には「又生㆓海神等㆒、号㆓小童命㆒」とあって、「小童」は「和多都美」と訓じられる。「若」と「童」「小童」は同義なので、「海若」はワタツミと読まれる。『時代別国語大辞典　上代編』。
（5）清田圭一「海若と東王父」『環シナ海文化と古代日本』人文書院、一九九〇年、一一七－七一頁。
（6）『新版　漢字源』。
（7）同上書。
（8）田中卓『住吉大社史　上巻』住吉大社奉賛会、一九八三年、所収。
（9）『神道大系　古典編5　古語拾遺付注釈』一九八六年、四一頁。
（10）『善隣国宝記　新訂善隣国宝記』田中健夫編、集英社、一九九五年、四〇－四一頁。

（11）一八〇行、二八〇行、二八七行、三〇二行、三一五行、三一六行（三回）、三二二行、三二五行、三三〇行、三三一行、三七〇行、三七一行、三七八行、三八〇行（二回）。

（12）田中卓氏は、船木氏の系譜の部分は、古風を存し、古斯・但波・粟・針間・周芳など、定制以前の古い国名が見えること、熊襲を二国とすること、ヤ音の表示として「移」の字を使用することなどから、この原資料は少なくとも大宝二年の本縁起に見えたもの、特に船木・津守氏関係の記事は、斉明五年の吉祥の勘注にかかるものかとされる。『住吉大社史　中巻』住吉大社奉賛会、一九九四年、三〇七頁。

（13）『紀』は津守連の祖を、田裳見《たもみの》宿禰とする。

（14）海部『元初の最高神』四五頁。

（15）地図におとした領域は、田中『住吉大社史　中巻』二六六―三〇六頁参照。

（16）次頁地図を参照されたい。

（17）柏原市教育委員会『柏原市埋蔵文化財発掘調査概報　平成15年度』二〇〇四年、『大県の鉄』一九九六年。

（18）京都府立丹後郷土資料館『人と技術』二〇〇四年。

（19）『神道大系　古典編13』三五三頁。

（20）野尻『日本星名辞典』四三頁。

（21）通は養老五年（七二一）正月に、陰陽道の達人として朝廷から褒賞を受けている。

（22）旅人の異母妹で、天武天皇の第七皇子・穂積皇子《ほづみのみこ》の寵を受けた。七一五年に皇子が没したのち、藤原麻呂の妻となっている。浜成の幼少年時代は、父麻呂が朗女を妻問いしていた時期に当る。朗女は、のちに異母兄宿奈麻呂に嫁ぐ。

（23）『神道大系　神宮編1』一九七九年、一三四頁。

第一章　古代人が見た金星

（1）『資料影印叢書　倭名類聚鈔　一』。
（2）小学館版『新編日本古典文学全集　42　神楽歌　催馬楽　梁塵秘抄　閑吟集』二〇〇〇年、七六－七八頁。
（3）『日本方言大辞典』小学館、一九八九年。
（4）大槻文彦著、冨山房、一九三五年。
（5）日本語では、二つの語を複合させて、新しい語を作ることがある。後の語がもとは清音であっても、複合されて語頭が濁音に転じることをさす。
（6）佐々木信綱著、平凡社、一九二八年初版。
（7）三省堂、一九六七年。
（8）『三省堂古語辞典補訂版』。
（9）田中重太郎『日本古典評釈・全注釈叢書　枕冊子全注釈　四』角川書店、一九八三年、二三七頁。
（10）『資料影印叢書　倭名類聚鈔　一』天ノ部第一景宿ノ類第一、二オ。
（11）『日本方言大辞典』。
（12）吉田賢抗『新釈漢文大系　41　史記　四（八書）』明治書院、一九九五年、一四五－二一七頁。
（13）同上書、一七五－七六頁、一七八－七九頁、他。
（14）同上書、一八一頁。
（15）このとき金星は太陽の東36度にあって、東方最大光度であった。金星が昼見えた現象の、日本最古の記録である。斉藤国治『国史国文に現れる星の記録の検証』雄山閣出版、一九八六年、二一〇頁。
（16）同上書、二一一頁。
（17）同上書、二〇九－一〇頁。

(18)『史記』一八〇－八一頁。
(19)同上。
(20)同上書、一九〇－九一頁。
(21)同上書、二一〇－一一頁。
(22)ウェブサイト“Zodiac Arts” http://www.zodiacarts.com/articles/Article_Venus.shtml
(23)二〇〇四年一〇月二二日付けの防災科研プレスリリースによると、独立行政法人防災科学技術研究所の日本学術振興会特別研究員・田中佐千子は、カリフォルニア大学ロサンゼルス校のE. S. Cochran・John E. Vidaleと共同で、東海地震や南海地震などのプレート沈み込み境界を震源とする地震は、月の引力が引き金となって発生している可能性が高いことをあきらかにした。地震をもたらす近くのひずみが十分にたまったときに、月の引力が最後の引き金となって地震発生に至るとみられる。
(24)以下の数値は、国立天文台編『理科年表　平成15年（机上版）』二〇〇二年、による。
(25)金星の位置推算は、斉藤『国史国文に現れる星の記録の検証』、および「ステラナビゲータVer. 7」アストロアーツ社、参照。
(26)「星アテの星」の項。恒星社厚生閣、一九五八年、二三三頁。
(27)野尻『星の民俗学』講談社学術文庫、一九七八年、二〇七頁。
(28)松村賢治『旧暦と暮らす』ビジネス社、二〇〇二年、一三〇－三一頁。
(29)同上書、一〇七頁。
(30)次頁写真参照。一九九八年一月二七日（月齢二八・四）午前六時五分。不二聖心女子学院構内にて鈴木和枝撮影。
(31)次頁写真参照。二〇〇二年六月一三日（月齢二・一）夕方（時刻記録なし）。同上校構内にて鈴木撮影。

第二章　『壱岐香椎聖母縁起』に見る聖母崇拝

(1)『神道大系　神社編46　壱岐・対馬国』一九八四年、所収。
(2)森博達『日本書紀の謎を解く』中公新書、一九九九年、二二〇－二一頁。
(3)『吉野家譜』吉野家所蔵。
(4)壱岐国壱岐郡可須郷香椎村風本浦香椎聖母宮者、天地既発之最初、天地之中化為レ神、號曰二国常立尊一。

(5) 依レ生ニ聖帝一、稱曰ニ聖母宮一。

(6) 長崎県神職会壱岐支会、一九四一年。

(7) 『神道大系　神社編46　壱岐・対馬国』所収。延享元年（一七四四）、藩公の命により壱岐国大宮司常陸介吉野秀政撰。総巻数は一一八巻で、神社之部だけで四十四巻ある。編さんの命を受けてのち、二十カ月ほどで完成させている。速筆でもあったのだろうが、神社に関して相当の稿本が、受命以前にすでにつくられていたと想像される。江戸時代の編さんで、時代を下ってはいるが、吉野家に伝わる壱岐の祭祀についての伝承として、史料価値がある。

(8) 左応神天皇・仲姫命。右仲哀天皇・神功皇后也。

(9) 『女神たちの日本』サントリー美術館、一九九四年、五八頁。

(10) 山尾幸久『新版・魏志倭人伝』講談社現代新書、一九八六年、二二八頁。

(11) 『大社記』に、「津守安必登神」という子神の名が記されている。続く割注には「二前。海神と名づく」とある。「安」を「海」に置きかえると、「津守海人の神」となり、割注と意味のあるつながりをもつ。

(12) 聖母宮公式サイト http://www4.ocn.ne.jp/~syomogu/keidai.htm

(13) 『紀』神代九段正文は、火明命をタカミムスヒの娘栲幡《たくはた》千千《ち ぢ》姫《ひめ》とニニギのあいだに生れた三人の子の一人とする。火明命の子孫がタカミムスヒの子孫であることに変りはない。

(14) M. Esther Harding, *Women's Mysteries – Ancient and Modern*, Harper and Row, 1971, pp. 155–67.

(15) 世界のキリスト教伝説を収録した十三世紀末の書。

(16) 『黄金伝説　3』ヤコブス・デ・ウォラギネ著、前田敬作他訳、人文書院、一九八六年、一九七頁。

(17) 『新カトリック大事典』研究社、一九九六年。

(18) 『黄金伝説　3』二二七頁。

(19) 海老沢有道校注『どちりなきりしたん』岩波文庫、一九五〇年。

(20) 海老沢校注『ろざりよの観念』切支丹文庫、一九五五年。

(21) 福永光司「漢語としての「天主」「聖母」「聖心」」『地球化時代のキリスト教』聖心女子大学キリスト教文化研究所編、一九九八年、一九二–九四頁。

(22)「尭帝仁智に叶い。仙蹕山川を玩でたまふ。畳嶺杳くして極らず、驚波断えて復連く。雨晴れて雲は羅を巻き。霧尽きて峯は蓮を舒く。庭に舞ひて夏槿を落し、林に歌いて秋蟬を驚かす。仙槎栄光を泛かべ、鳳笙祥煙を帯ぶ。豈に独り瑤池の上のみならめや、方に唱はむ白雲の天。」『日本古典文学大系69　懐風藻』一〇四－五頁。

(23)『穆天子伝　漢武帝内伝』郭璞注、中華書局、一九八五年、一五頁。

(24) 前出論文、一九三頁。

(25)「今日聞二道是生命一。会二遇聖母一。」鹽谷温訳によると、「今日道是生命なるを聞き、聖母に会遇す」。「国譯漢武帝内傳」『国譯漢文大成　文学部第12巻　晋唐小説』東洋文化協会、一九五五年、一四頁。

(26) 小南一郎氏は、西王母と織女星とのつながりの可能性をあげておられる。『西王母と七夕伝承』平凡社、一九九一年。

(27)『ローマ文化王国――新羅』新潮社、二〇〇一年。

(28) 金富軾『完訳三国史記（上）』金思燁訳、六興出版、一九八〇年。

(29)『壱岐国神社誌』。

(30)『新訂増補　国史大系　第12巻　扶桑略記・帝王編年記』一九六五年、「帝王編年記」巻12、延暦八年条。

(31)「藤原氏物語」『新編日本古典文学全集34　大鏡』小学館、一九九六年、三三二－三三三頁。

(32) 金星の動向と政治との関連を表にすると、以下のようになる。

神亀四年（七二七）閏九月末　基皇太子、誕生。
神亀五年（七二八）八月　四日　金星、昼に見える。
　同年　九月　十三日　基皇太子、薨じる。
神亀六年（七二九）二月　十二日　左大臣長屋王、自死させられる。
天平二年（七三〇）八月　七日　金星、大微の中に入る。
天平三年（七三一）七月　五日『大社記』なる。津守一族、ツツノオを祭る。
延暦三年（七八四）九月二十七日　金星、昼に見える。
延暦四年（七八五）十一月　桓武天皇、十二歳の息子安殿親王を皇太子に立てる。
延暦六年（七八七）七月　八日　金星、昼に見える。

同年　　　　八月　　　三日　応神天皇を壱岐で祭らせる。

同七年から八年にかけて　　　　一連の住吉大神祭祀への介入。

（33）『神道大系　延喜式（上）』。

（34）「當二七日一聲有二空中一、光明充二満虚一、不經二須臾一、明星忽然現レ前立化為二七旬俗體之老翁一如二仙人一、（中略）老翁者住吉大神、（中略）發二皇船一着二于對馬嶋住吉浦一、々主住吉大明神也、豆酘浦南海辺邊也」「壹岐香椎聖母宮縁起」『神道大系　神社編46』五五五頁。

（35）永留久恵『海神と天神』白水社、一九八八年、三二四頁。

（36）後出一五九頁地図を参照されたい。

（37）『神道大系　神社編46　壱岐・対馬国』所収。ときの藩主宗義真の命によって、加納貞清が編んだ調査報告である。社名を当時の里言葉のまま記し、各社祠の状況をことこまかに記録している。編者は儒学者で、ときおり取り上げた神話伝説を「不可考」とする。非合理的として、多くの神話伝説類を省いたことが考えられる。

（38）一七八五年頃、藤仲郷《とうなかさと》編。神社本庁調査課写、一九五一年。『對州神社誌』が取り上げなかった俗伝を収めているので、内容によって参考になる。

（39）藤仲郷の父で、総宮司職にあった藤斎長《まきのぶ》によってまとめられた。宝暦十年（一七六〇）に寺社奉行所に提出された文書で、社号、旧号をしるし、祭神の考定を試みているが、『記』『紀』神話の神に付会し、島内の神社を組織に組み入れようとする神社行政的な意図がうかがわれる。

（40）「鴨瀬住吉神社　祭神　表筒男　中筒男　底筒男」とする。九州大学付属図書館所蔵、五四頁。

（41）永留『対馬　歴史観光』杉屋書店、一九九四年、二〇九頁。

（42）申叔舟著、田中健夫訳注、岩波書店、一九九一年、二二二頁。

（43）影印地図、同上書三八八－八九頁参照。

（44）永留『対馬の歴史探訪』杉屋書店、一九八二年、一三四頁。

（45）津島紀事刊行会、一九一七年、三九四頁。

（46）「巻第5　提婆達多品　第十二」『法華経　（中）』坂本幸男・岩本裕訳注、岩波文庫、一九七六年、二一八－二一五頁。

(47)『神道大系　釈日本紀』一六六頁。
(48)『日本古典文学大系　71　三教指帰　性霊集』岩波書店、一九六五年、八四－八五頁。
(49)『新編　日本古典文学全集（35）今昔物語集〈1〉』小学館、一九九九年、巻第11「弘法大師渡宋伝真言教帰來語第九」。
(50)『対馬　歴史観光』二二五頁。
(51)『対馬の歴史探訪』三二頁。
(52)「アルドゥィー＝スール・ヤシュト」『ゾロアスター教――神々への賛歌――』岡田明憲、平河出版社、一九八二年、一三六頁。
(53)「イシュタルの冥界下り」他、『筑摩世界文学大系1　古代オリエント集』杉勇訳、一九七八年。
(54)『津島の歴史探訪』一〇二－四頁。
(55)『對州神社誌』による。
(56)四五〇頁。
(57)四三八頁。
(58)『海神と天神』一二五頁。
(59)

	新羅使	**遣新羅使**
天武朝（六七二－六八六年の十四年間）	十二度	四度
持統朝（六八七－六九七年の十年間）	六度	三度
文武朝（六九七－七〇七年の十年間）	四度	四度
元明朝（七〇七－七一五年の八年間）	二度	一度
元正朝（七一五－七二四年の九年間）	三度	三度
聖武朝（七二四－七四九年の二十五年間）	六度	五度
	（うち四度は不調）	（うち二度は不調）

(60)『太神宮司補任次第』一五一頁。

第三章　阿古耶姫伝説と真珠信仰の痕跡

（1）http://www.chitoseyama.jp/yurai/akoyahime.html

（2）『乩補略記』は明治十年（一八七七）に山形県士族の風楊軒洗耳によって筆写された。当稿では、一九七三年、山形市史編集委員会編『山形市史編集資料　第33号』に採録されているものを用いた。

（3）『山形市史資料　79号』山形市総務部総務課編、一九九一年、七九－八三頁。

（4）芸能史研究会編『日本庶民文化史料集成　第12巻』三一書房、一九七七年、元禄二年三月十四日の項。

（5）『山形市史資料　79号』五二頁。

（6）同上、七九頁。

（7）『山形市史資料　11号』山形市史編集委員会、一九六八年、一九頁。

（8）『新訂増補　国史大系　第18巻　宇治拾遺物語・古事談・十訓抄』一九六五年、「古事談」四三－四四頁。

（9）『山形の歴史』出羽文化同好会、一九四八年、三七－三八頁。

（10）小学館版『新編日本古典文学全集　平家物語1』一九九四年、一五二－五三頁。

（11）『源平盛衰記（二）』松尾葦江校注、三弥井書店、一九九三年、二二－二三頁。

（12）東京学社、一九二八年。

（13）「写　五藤」とある。

（14）「出羽国言上。地大震裂。山谷易處。壓死者衆」『新訂増補　国史大系　第3巻　日本後紀・続日本後紀・文徳天皇実録』一九六六年、二一二頁。

（15）荒井太四郎著、狩野徳蔵校訂、歴史図書社、一九七七年。

（16）『羽黒町史　上巻』羽黒町編纂、一九九一年、一五頁。

（17）『略記』巻五ノ四八。

（18）『日本通史　第1巻　日本列島と人類社会』岩波書店、一九九三年、一九五頁。

（19）杉山次郎他『真珠の文化史』一九九〇年、学生社、一〇〇頁。

（20）「豆洲式社考案」『神祇全書　第四輯』佐伯有義、一九七一年、三〇一－二頁。

(21) 沼津市史編さん調査報告書　第4集『木負・河内の民俗　民俗調査報告書　二』沼津市史編集委員会民俗部会編、一九九三年、一五〇頁。

(22) 柳田国男は第二の説を取るが、その呼びかけは神から出たものとする。「神を助けた話」『定本柳田国男集　第12巻』一九六九年、二六二－六三頁。

(23) 歌三二九五では親が我が子を、歌四二四〇では叔母が甥を呼ぶ語として用いられている。

(24) 有岡利幸『松と日本人』人文書院、一九九三年、二五頁。

(25)『日本名所風俗図会　11　近畿の巻Ⅰ』角川書店、一九八一年。

(26)『続拾遺和歌集』（一二七八年撰進）巻第20　一四三九。

(27)『玉葉和歌集』（一三一三完成）第20神祇歌　二七三六。

(28) この一行には、伊吉博徳が随行していた。吉祥は唐に出発する直前の斉明五年七月に、『住吉大社記』の原本「以前、御大神顕座神代記」を注進していた。

(29) 熊谷公男『古代の蝦夷と城柵』吉川弘文館、二〇〇四年、二一五頁。

(30)『羽黒町史　上巻』一六〇頁。

(31) 角川書店版『新編国歌大観』による。九五一年撰進の『後撰和歌集』以後の成立とされる。

(32) 同上。四〇〇、五五六、五九九、九二二、九二三。

(33) 松本『真珠と日本人』五一頁。

(34)『羽黒町史　上巻』三四〇頁。

(35)『新訂増補　国史大系　第4巻　日本三代実録』一九六六年、二八九頁。

(36)『羽黒町史　上巻』三一六頁。

(37)『新訂増補　国史大系　第27巻　新抄格勅符抄・法曹類林・類聚符宣抄・続左丞抄・別聚符宣抄』一九六五年、七頁。

(38)『堀川院百首和歌』（一一〇五年以降成立）。『新編国歌大観』による。

(39)『古事談』の古歌も顕仲作の一首も、ともに『夫木和歌抄』（一三一〇年頃成立）に収録される。

(40) 藤原明衡著、川口久雄訳注、平凡社、一九八三年、二七九－九二頁。

(41)『日本歴史地名大系第6巻　山形県の地名』平凡社、一九九〇年、五九九頁。
(42)同上書、五六五—六六頁。および、ご住職遠藤師談。
(43)『羽黒町史　上巻』四五〇—五三頁。
(44)『羽黒町史　別巻』一九九六年、七二〇頁。
(45)『山形県の地名』六〇〇頁。
(46)佐野賢治編『民衆宗教史叢書24　虚空蔵信仰』雄山閣、一九九一年、一九五頁。
(47)『出羽国風土記』一六〇頁。
(48)『羽黒町史　別巻』七一九—二〇頁。

西暦	天皇	年号	朝廷	海部氏とその関連氏族	中臣（藤原）
六四五	皇極	四	六月　中大兄皇子、蘇我入鹿と蝦夷を討つ。		中臣鎌子、中大兄と行動を共にする。
	孝徳	大化　一	七月　皇極、孝徳に譲位。	海部直・伍佰道が祝に任じられる。養老元年（七一七）まで合わせて三十五年奉仕。	鎌子、内臣になる。中臣香積連須気が伊勢の神庤に。在任三十年とも四十四年とも。天武二年までか、朱鳥二年まで。
六四六		二	改新の詔により、公地公民制が敷かれ、国・郡・里の行政制度、班田制による土地制度、税制などが示される。		
			伊勢国の十郷を竹評、十郷を度会評に。		
六五九	斉明	五	七月　遣唐使を派遣。	遣唐副使、津守吉祥。出発前に「神代記」注進。随行、伊吉博徳。	
六六〇		六	新羅討伐軍を編成する。		
六六三	天智	二	白村江で唐と新羅の連合軍に大敗。		
六六四		三	竹評から四郷を割いて飯野評に。		
六六七		六	対馬に金田城を築く。		
六六八		七	中大兄皇子、天智として即位。		
六六九		八	遣唐使を遣わす。これを最後に、唐との国交は一時期とだえる。		天皇、鎌足に藤原朝臣の姓を与える。翌日、鎌足、死ぬ。
六七一		十	新羅軍の唐軍攻撃はじまる。		
六七二	天武	一	壬申の乱。大海人皇子、大友皇子を討つ。近江方の群臣を処罰。 十月　豊受大神宮の改造を命じる。大朽連馬養を太神宮司に任じる。 冬　飛鳥浄御原宮に移る。		八月右大臣中臣連金、斬刑。
六七三		二	二月　大海人皇子、天武として即位。		

西暦	天皇	年号	朝廷	海部氏とその関連氏族	中臣（藤原）
六七四		三	四月　大来皇女を斎宮に任じる。対馬国司、銀を貢ぐ。我国最初の銀産出。		
六七五		四	占星台を建てる。		
六七六		五	十一月　朝鮮半島を新羅が統一する。		
六八六	持統	朱鳥　一	七月　紀伊国の国懸神・飛鳥の四社・住吉大神に幣を奉る。九月　天皇崩御。十月　大津皇子、処刑される。十一月　姉・大来皇女、斎宮を解かれる。		
六八九		三	八月　従来の神官が神祇官になる。	祝部は神祇官の下に置かれる。	二月　鎌足の子・不比等が判事に。鎌足の猶子で、不比等の従兄弟・意美麻呂も並んで判事に。
六九〇		四	皇后持統、天皇に即位。		正月　中臣大島、神祇伯に。
六九一		五	十八の氏に先祖たちの墓記を出させる。		
六九二		六	五月　伊勢、大倭、住吉、紀伊の四所の大神に幣を奉る。十二月　新羅の調を、伊勢、住吉、紀伊、大倭、菟名足の五社に奉る。		
六九四		八	藤原宮に移る。		不比等、直広弐。
六九六		十			
六九七	文武	十一　一	皇太子に譲位。八月　文武天皇、十五歳で即位。		不比等の娘宮子、文武夫人となる。
六九八		二	正月　新羅の貢ぎ物を諸社に供える。十二月　多気大神宮を渡会郡に移す。	大伴御行が三田首五瀬を対馬に遣わし、金を治たせる。	八月　不比等の子孫だけが藤原姓、意美麻呂は中臣姓。
七〇〇		四	律令を選ばせる。	伊預部馬養、嶼子伝説を書く？	直広壱・不比等他、律令の選定を命じられる。
七〇一		大宝　一	正月　遣唐使、任命される。三月　大宝令施行。	大伴御行、死ぬ。石上朝臣麻呂、大納言に。	不比等、大納言に。

				太政官に神祇官が並ぶ。 冠位名号改制。 対馬、金を貢ぐ。	八月　御行の子、褒賞を受ける。	
七〇二			二	正月　村上連糠麿が太神宮司になる。 大来連馬養、解任。		
七〇四		慶雲	一		正月　石上麻呂、右大臣に。	
七〇五			二		四月　大納言の定員四人から二人に。 八月　大伴宿禰安麻呂、大納言に。 十一月　大伴安麻呂、兼大宰帥に。	
七〇六			三	新羅の調を伊勢神宮と七道の諸社に。		
七〇七			四	六月　文武、二十五歳で崩じる。 七月　元明、天皇に即位。		
七〇八	元明		一	正月十一日　津嶋堅石を連より朝臣に。 二月　平城遷都の詔。 九月　越後国に所属する郡として出羽郡が設置される。	豊受大神が籠の川のほとりに降る。 正月七日　籠宮が建てられる。 三月　右大臣石上麻呂、左大臣に。 次期大宰帥任命により、大納言大伴安麻呂、帰京か。	三月　不比等、右大臣に。中臣意美麻呂、中納言および神祇伯に。不比等長子・武智麻呂、図書頭転補兼侍従に。
七一〇			三	都を平城京に移す。 三月　渡会氏の始祖・磯部祖父と高志に渡相神主の姓を与える。		
七一一			四		十二月　海部直・千足が流罪になる。	
七一二			五	正月『古事記』なる。 九月　出羽国、誕生。一国一郡。		六月　武智麻呂、近江守に。
七一三			六	五月　風土記編撰を命じる。 十月　陸奥国の最上・置賜二郡を出羽国に加える。	三月　丹波国が分国される。	藤原宇合、石上麻呂の娘を正室に。
七一四			七	二月　国史を撰ばせる。 十月　津嶋朝臣真鎌を伊勢守に。	五月　安麻呂、死ぬ。	
七一五	元正	霊亀	八 一	九月　元明天皇、譲位。 九月　元正、即位。	五月　丹波・丹後の二国が飢える。	
七一六			二			不比等の娘・光明子、首皇子（のち

西暦	天皇	年号	朝廷	海部氏とその関連氏族	中臣（藤原）
七一七		養老 一	三名の議政官のうち二名が藤原父子。 右大臣＝不比等、中納言＝阿倍宿奈麻呂、参議＝房前	三月　石上麻呂、死ぬ。	の聖武）の妃となる。 十月　不比等次男・房前を参議に。
七一八		二	三月　右大臣＝不比等、大納言＝長屋王・阿倍宿奈麻呂、中納言＝三名の一人に大伴宿禰旅人、参議＝房前 この年、養老律令なる。	旅人長男・家持、この年誕生か。	
七一九		三		三月二十二日　彦火明命、籠宮に降る。海部直・愛志がこの年から天平宝勝元年（七四九）まで合わせて三十一年間奉仕。	
七二〇		四	五月　『日本書紀』なる。 十二月　津嶋朝臣大庭を太神宮司に。	三月　大伴旅人、征隼人時節大将軍。 八月　旅人、帰京。	八月　不比等、死ぬ。
七二四	聖武	神亀 一	二月　不比等の孫・聖武、即位。 左大臣＝長屋王、大納言＝多治比真人池守、中納言＝藤原武智麻呂・巨勢邑治（同年六月死）・大伴旅人、参議＝藤原房前・安倍広庭		二月　光明子、大夫人となる。 三月　藤原夫人を皇太夫人に。
七二六		三			十月　藤原宇合、知造難波宮事に。
七二七		四		大伴旅人、大宰帥となるか。	
七二九		天平 一	二月　長屋王、自殺を命じられる。 十一月　京と畿内との班田司の任命。		三月　武智麻呂、大納言に。 八月　藤原光明子、皇后となる。
七三〇		二		十月　大伴旅人、大納言に。 十二月　旅人、上京。	
七三一		三		七月五日　『住吉大社神代記』原本なる。 七月二十五日　旅人、死ぬ。六十七歳。	八月　藤原宇合、麻呂、参議となる。
七三二		四	三月　難波宮、一応の完成。	高橋虫麻呂、万葉歌浦島伝作る？	三月　知造難波宮事藤原宇合ら、褒賞をうける。
七三三		五	四月　遣唐の四船、難波津より出発。		

七三四		六	三月 難波行幸。 九月 難波京の宅地班給		正月 武智麻呂、右大臣に。
七三七		九			藤原武智麻呂、房前、宇合、麻呂、死亡。
七三八		十		大伴家持、内舎人に。	
七四六		十八		家持、越中守に。	
七五一	孝謙	天平勝宝三		家持、少納言となって帰京。	
七五七	淳仁	天平宝字一	養老律令施行。天平宝字年間に「神功皇后」の称号が選ばれる。	天平宝字年間に修史された『続紀』に、五瀬の詐欺が判明したと注記。	
七六一		五		筑前国の香椎宮・箱崎宮、長門国の豊浦宮、壱岐の香椎宮・箱崎宮が鎮西五社に。	
七六五	称徳	天平神護一	十一月 神祇を三宝の下に置く。		
七六九	光仁	宝亀一	十月 天智系・光仁天皇即位。		
七七三		四	月山神に封二戸を与える。		
七八一	桓武	天応一	四月 桓武天皇即位。		
七八四		延暦三		六月 正三位住吉神を勲三等に。	
七八五		四	十一月 安殿親王、立太子。	八月 家持、死ぬ。六十八歳。死後、一ヵ月足らずして、除名。	
七八八		七		鯨伏の本宮・箱崎・筒城の三八幡と印鑰・聖母が、壱岐嶋五社に。	
七八九		八	桓武天皇、住吉大社に行幸。	『住吉大社神代記』摂津職認判日付。	
七九六		十六	『続日本紀』なる。		
七九九		十八	十二月 氏族本系帳の提出を命じる。		
八〇六	平城	大同一		家持、復位。	
八一五	嵯峨	弘仁六	『姓氏録』なる。		
九二七	醍醐	延長五	『延喜式』撰進。		
九三一	朱雀	承平一	『和名抄』撰進。(—九三八年)		
九六七	村上	康保四	『延喜式』施行。		

神名・人名索引

ア　行

カ　行

サ　行

タ　行

ナ　行

ハ　行

マ～ワ　行

事項索引

ア　行

カ　行

サ　行

タ　行

ナ・ハ　行

マ～ワ　行

増田　早苗（ますだ・さなえ）

1936年，京都市に生れる。聖心女子大学文学部外国語外国文学科（英文科）修士課程，およびサン・フランシスコ大学神学部修士課程修了。元聖心女子大学助教授（聖書学）。現在，聖心会修道女，聖心女子大学キリスト教文化研究所所員。文学修士，および神学修士。

〔主要業績〕『日本昔話の霊性』（エンデルレ書店，1995），『日本神話と聖書と心のかけ橋』（エンデルレ書店，1997），*The Spirituality of Japanese Folktales* (Enderle, 2002)

〔浦島伝説に見る古代日本人の信仰〕　ISBN4-901654-78-0

2006年 9 月15日　第 1 刷印刷
2006年 9 月20日　第 1 刷発行

著　者　増　田　早　苗
発行者　小　山　光　夫
印刷者　向　井　哲　男

発行所　〒113-0033 東京都文京区本郷1-13-2
電話03(3814)6161　振替00120-6-117170
http://www.chisen.co.jp
株式会社　知泉書館

Printed in Japan　印刷・製本／藤原印刷